COURS DE DICTÉES

A L'USAGE

DES ÉCOLES PRIMAIRES

DE LA

SOCIÉTÉ DE MARIE.

J. M. J.

LONS-LE-SAUNIER,

CHEZ MMmes GAUTHIER SOEURS ET Cie,

LIBRAIRES-ÉDITEURS.

1860.

COURS

DE

Tout exemplaire non revêtu du cachet de la Société de Marie et de la signature ci-dessous sera réputé contrefait, et tout contrefacteur ou débitant de contrefaçons sera poursuivi selon la rigueur de la loi.

Lons-le-Saunier, Imp. et Lith. de GAUTHIER FRÈRES.

COURS DE DICTÉES

A L'USAGE

DES ÉCOLES PRIMAIRES

DE LA

SOCIÉTÉ DE MARIE.

PREMIER COURS.

J. M. J.

LONS-LE-SAUNIER,

CHEZ MM^mes GAUTHIER SOEURS ET Cie,

LIBRAIRES-ÉDITEURS.

1860.

AVERTISSEMENT.

Ce *premier cours de dictées* est composé de deux parties :—La première, sous ce titre : *Dictées graduées*, contient quarante dictées formées de petites phrases détachées, simples et instructives ou morales. Ces dictées sont mises en harmonie avec la succession des règles de la petite grammaire, première partie, en sorte qu'on n'y rencontre jamais l'application d'une règle plus en avant que celle dont le n° est en tête de la dictée. — La seconde partie, sous ce titre : *Dictées récapitulatives*, contient quatre-vingts dictées en texte suivi sur des sujets choisis pour des enfants, et traités avec clarté, simplicité et précision. Chaque dictée présente un tout. Les sujets sont empruntés à la religion, à la nature, à l'histoire, à la géographie et à la fable, en sorte qu'on forme l'esprit et le cœur des enfants en leur apprenant la langue.

Des notes explicatives accompagnent ces dictées, ce qui donne au maître une grande facilité de bien instruire les enfants en les intéressant toujours. Des exercices particuliers à faire sur ces dictées, pour en rehausser l'utilité, lorsque les enfants les recopient, sont indiqués en tête.

COURS DE DICTÉES

PREMIER COURS.

1re DICTÉE. — No 26 à 37 (*).

(Les élèves recopieront la dictée, en mettant, à part, dans une première colonne, les noms masculins, et dans une seconde les noms féminins. Ils répondront ensuite aux questions qui suivent la dictée, et que le maître leur dictera.)

Dieu a fait de rien le ciel et la terre. C'est lui qui a fait le soleil (1) et la lune (2), la terre et l'eau (3), la lumière et l'air. Cet écolier a perdu son livre, son cahier, sa plume, son crayon et sa règle. Sa négligence a déplu à son père et à sa mère. Le vent souffle, la pluie tombe, le poisson nage et l'oiseau vole. Le soleil est lumineux, mais la lune est opaque. La terre est solide, l'eau est liquide et l'air est fluide. L'ange est un pur esprit. L'homme est composé d'un corps et d'une âme. Le temps passe, mais l'éternité est sans

(*) Ces numéros renvoient à la première partie de la petite grammaire de la Société de Marie ; en sorte que ces *dictées graduées* doivent marcher de paire avec les leçons des enfants. Lorsque ceux-ci n'iront pas assez vite en apprenant, le maître, en les attendant, donnera des dictées, ou prises dans un classique à l'usage des enfants, comme le dit la *Méthode d'enseignement*, ou choisies parmi celles de la récapitulation. — Les premières dictées sont accompagnées de plus de notes explicatives que les suivantes, parce que la voie étant une fois tracée, le maître pourra facilement la suivre.

fin. La lumière éclaire, le feu réchauffe, l'eau désaltère et le pain nourrit.

QUESTIONS. — 1. De quelle utilité est le soleil ? Le soleil éclaire et réchauffe la nature et fait la principale beauté de l'univers. — 2. ... la lune? La lune tempère l'obscurité de la nuit et embellit le ciel. — 3 ... l'eau? L'eau désaltère, rafraîchit, conserve la propreté, humecte la terre et la rend fertile, et sert de force pour mettre en mouvement les usines et pour transporter les vaisseaux, les bateaux, les radeaux, etc.

2e DICTÉE. — No 37 à 40.

(Les élèves recopieront la dictée, en mettant, à part, dans une première colonne, les noms au singulier, et dans une seconde, ces mêmes noms au pluriel. Ils répondront aux questions.)

Joseph dira la vérité. Adam a été le premier homme. Noé a été sauvé du déluge (1). La neige tombe en hiver, mais le vent doux du printemps la fait fondre. L'arbre (2) est le plus bel ornement de nos jardins (3). La nature déroule ses merveilles à nos regards. C'est Dieu qui nous donne les fleurs et les fruits, les herbes et les arbres. En classe, on apprend les prières, la lecture, l'écriture et le calcul. Dans un livre, il y a des feuillets, des pages, des lignes, des mots et des lettres.

QUESTIONS. — 1. Par quel moyen Noé fût-il sauvé du déluge? C'est par le moyen de l'arche. — Qu'était-ce que l'arche? C'était un grand vaisseau ayant la forme d'un coffre. — 2. Quelles sont les parties de l'arbre? Les parties de l'arbre sont les racines, la tige, les branches, les rameaux, les feuilles, les fleurs, les fruits. — Où croissent les racines? Les racines croissent dans la terre. — 3. Quelle est la règle générale de la formation du pluriel dans les noms ? Pourquoi donc faut-il une *s* à *jardins*?

3e DICTÉE. — No 37 à 42.

(Recopier la dictée et faire comme au no 2.)

C'est par la fenêtre que la lumière pénètre dans les chambres. Dans les salles de classes, il y a des tables et des bancs. Sur les tables, il y a des livres, des cahiers, des plumes, des crayons, des règles et des encriers pour le service des élèves. Noé avait trois fils : Sem, Cham et Japhet. Le bon fils respecte ses parents. On doit vénérer le corps des martyrs (1). C'est sur la croix (2) que Jésus-Christ est mort. Le souverain mal, c'est le péché. Cet enfant a des maux de tête. Le général commande l'armée. L'amiral commande la flotte. Avez-vous vu les généraux et les amiraux de l'armée. Ce noyer est chargé de noix. La noix est un fruit à coque.

QUESTIONS. — 1. Qu'entend-on par homonymes? On entend par homonymes des mots qui ont à peu près la même prononciation, mais diffèrent de sens et d'orthographe — Quel est l'homonyme de *martyr*? L'homonyme de *martyr*, c'est *martyre*. — Qu'est-ce qu'un martyr? Un martyr c'est celui qui verse son sang pour confesser sa foi en J.-C. — Qu'est-ce que le martyre? Le martyre, c'est la mort endurée pour J.-C. — 2. Comment forme-t-on le pluriel des noms terminés au singulier par *s*, *x* ou *z*? et de ceux terminés en *al*?

4e DICTÉE. — No 37 à 43.

(Même exercice qu'au no 2.)

L'agneau est l'emblème de la douceur. Qu'[illegible] agréable de voir les agneaux bondir sur l'[illegible] Craignez la passion du jeu. L'enfance [illegible]

En considérant la terre à sa surface, j'y vois des villes, des bourgs (1), des villages et des hameaux, des montagnes (2) et des collines (3), des plaines et des vallées, des routes et des canaux, des fleuves, des rivières et des ruisseaux. On fait ordinairement trois repas par jour : le déjeûner est le repas le plus léger. Le repos de la nuit est de sept heures ordinairement. Il y a souvent des nids sur les arbrisseaux (4) des jardins. Ce marchand vend des ciseaux et des couteaux. C'est avec des gluaux que ces enfants ont pris des oiseaux.

QUESTIONS. — 1. Qu'elle différence y a-t-il entre un *bourg*, un *village* et un *hameau*? Le hameau est plus petit que le village et n'a point d'église paroissiale ; le village est plus petit que le bourg et n'a point de marché, tandis que le bourg en a un. — 2. Qu'est-ce qu'une montagne? Une montagne est une grande élévation de terre de plus de 300 mètres de hauteur. — 3. Qu'est-ce qu'une colline? Une colline est une élévation de terre de moins de trois cents mètres de hauteur. — 4. Comment s'écrit le nom arbrisseau au singulier? Pourquoi y ajoute-t-on un *x* au pluriel et non une *s*? Qu'est-ce qu'un *gluau*? C'est une petite branche enduite de *glu*, qu'on emploie pour prendre des oiseaux.

5e DICTÉE. — N° 37 à 44.

(Même exercice qu'au no 2.)

Le travail (1) est le gardien de la vertu. Cet homme se livre aux travaux de la campagne. Le printemps (2) nous ramène les fauvettes, les pinsons, les merles, les geais et les grives. Le renard mange des œufs, des fruits et surtout des raisins, il se rabat sur les rats, les mulots, les serpents, les lézards, les crapauds. C'est pour le service de l'homme que Dieu a fait les chevaux, les bœufs, les mulets, les ânes, les chats, les vaches, les chameaux, les rennes (3). C'est au

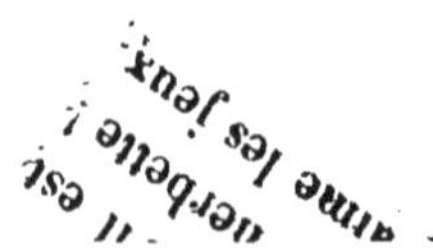

service de la vérité et de la vertu que l'homme doit mettre ses lumières et ses talents. Après la bataille, il faut agrandir les hôpitaux.

QUESTIONS. — 1. Qu'est-ce que le travail? Le travail est l'exercice de ses facultés. — Comment fait au pluriel le nom travail? — Pourquoi? — 2. Quelles sont les quatre saisons de l'année? Le printemps, l'été, l'automne et l'hiver. — 3. Qu'est-ce que le renne? Le renne est un animal des régions du nord et qui tient lieu aux habitants de ces pays du cheval, du bœuf, de la vache, etc. — Quels sont les homonymes du mot *renne*? Les homonymes de *renne* sont *raine*, *reine*, *rêne*, *Rennes*. — Donnez la définition de ces mots.

6e DICTÉE. — No 37 à 46.

(Même exercice que pour le no précédent.)

La malpropreté de la tête des enfants engendre les poux (1). C'est pour attacher des serrures et des verrous que le maréchal a demandé des tenailles et des clous. Le jardinier cultive des choux, des oignons, de la salade, des carottes, des radis, des poireaux, des ciboulettes. Des cieux je contemple la splendeur. C'est aux yeux (2) et aux oreilles que cet enfant a mal. L'œil est l'organe de la vue, et l'oreille celui de l'ouïe. Quand vous avez mal au nez, n'y portez pas les doigts, ni même en aucun autre temps (3). Je m'efforce de me rendre digne de la gloire de mes aïeux. Le chrétien doit prier le matin et le soir, avant et après le repas.

QUESTIONS. — 1. Comment le nom *pou* s'écrit-il au pluriel et au singulier? Pourquoi ce nom prend-il un *x* au pluriel? — Qu'est-ce que le pou? Le pou est un petit insecte parasite qui vit sur le corps des animaux et sur celui de l'homme. Les œufs du pou s'appellent *lentes*. Quel est l'homonyme de *pou*? L'homonyme de pon, c'est *pouls*. Qu'est ce que le pouls? C'est le battement des artères, principalement vers les poignets — 2. Qu'est-ce que les yeux? Les yeux sont les oganes de la vue. Comment le le nom *yeux* fait il au singulier?- 3. Quels sont les homonymes de *temps*? Les homonymes de *temps* sont *tends, tan, tant*. Donnez la définition de ces mots.

7e DICTÉE. — No 37 à 46.

(Recopier la dictée et répondre aux questions.)

Le moment du péril est celui du courage. Pour former la société, il faut des hommes de tous les états : des riches et des pauvres, des cultivateurs, des commerçants, des soldats, des bourgeois, des maçons (1), des charpentiers (2), des menuisiers, des boulangers, des meuniers, des tailleurs, des forgerons, des médecins. Enfants, profitez du temps pour acquérir des vertus et des talents. L'obéissance est la mère des vertus. Un bienfait commande la reconnaissance (3). La gloire de ce monde passe. L'oisiveté est la mère des vices. C'est en automne qu'on cueille les pommes, les poires, les prunes et les raisins.

QUESTIONS. — 1. Que font les maçons? Les maçons font des murs. De quoi se servent les maçons pour faire des murs? Ils se servent de pierres et de mortier. De quoi est fait le mortier? Le mortier est fait de chaux et de sable broyés ensemble. — 2. Que font les charpentiers? Les charpentiers font des bâtiments. De quoi font-ils ces bâtiments? Ils les font de bois. Quels sont les principaux bois de construction? Les principaux bois de construction sont le sapin et le chêne. — 3. Qu'est-ce que la reconnaissance? La reconnaissance est le souvenir d'un bienfait reçu, accompagné du désir de rendre la pareille.

CHAPITRE II.

De l'adjectif.

8e DICTÉE. — N° 65 A 71 (*).

(Recopier la dictée et mettre, à part, dans une première colonne, les adjectifs écrits au masculin, et, dans une seconde colonne, ces mêmes adjectifs écrits au féminin. Répondre aux questions.)

Le castor (1) est *noir*, rarement *blanc* ou *brun*. Le péché doit causer la douleur la plus *vraie*, la plus *profonde* à celui qui l'a commis. La peau (2) du castor est *fine*. Ce marchand vend du *fin* drap. La guerre (3) *civile* est le règne du crime. Le *vrai* sage a une conduite *modérée* et *réglée*. Sans l'estime, il n'est point de *solide* amitié. Le *véritable* esprit est *solide* et *brillant*. Il est *agréable* de se désaltérer à une source *limpide* (4) et *claire*. L'avarice (5) est la plus *vile* (6) des passions. Une *médiocre* fortune procure souvent plus de jouissances qu'une *grande*. (7) Un ami *fidèle* est un *grand* trésor. D'un rang *obscure*, l'homme peut s'élever à un rang *distingué* par le travail et la vertu. Le printemps est la saison la plus *agréable*.

QUESTIONS — 1. Le castor est un animal de la classe des mammifères et de l'ordre des rongeurs, long environ d'un mètre et haut de 0m,30. Il habite les contrées froides. Il est célèbre par l'industrie qu'il déploie en construisant les huttes qu'il habite au bord des eaux. Son poil donne un excellent feutre dont

(*) Dans la suite, on mettra seulement les notions à donner aux enfants à l'occasion de chaque dictée, et l'on ne fera plus de questions que sur la grammaire.

on fait les chapeaux. — 2. Les homonymes de *peau* sont *Pau*, *Pô* et *pot*. Donnez la définition de ces mots. — 3. *Guerre civile*, celle que se font les peuples d'un même Etat. — 4. *Limpide* : pure et transparente. — 5. *Avarice* : amour de l'argent pour l'argent. — 6. L'homonyme de *vil* est *ville*. Donnez la définition de ces mots. — 7. Grande (sous entendu *fortune*).

9e DICTÉE. — No 64 à 74.

(Même exercice que dans le no précédent.)

Un homme *indiscret* (1) est une lettre *décachetée*, *tout* le monde peut la lire. Gardez-vous d'une curiosité *indiscrète*. Le soleil est treize cent mille fois plus *gros* (2) que la terre, et celle-ci quarante-neuf fois plus *grosse* que la lune. S'enorgueillir des avantages du corps (3) est une vanité *sotte* et *ridicule*. Le loup a la mine *basse*, l'aspect *sauvage*, la voix (4) *effrayante* et le naturel *pervers*. La religion (5) *chrétienne* (6) est aussi *ancienne* que le monde. Le *bel* (7) âge est semblable à la fleur, qui, *éclose* le matin, le soir est *flétrie*. Le *bon vieux* temps se distinguait par sa simplicité et ses vertus. Travaillez à loisir évitant une *folle* vitesse. Une figure *grasse* et *replète* n'est pas toujours la marque d'une *bonne* santé. *Nulle* paix pour l'impie. Le Russe est *fort*, *robuste*, assez *spirituel* et *bon* soldat. A un *vieux* soldat, il faut une *vieille* et *bonne* armure. La *belle* saison arrive sous son *nouvel* habit de verdure. L'homme est *mortel* et son âme est *immortelle*. La soupe *grasse* a des yeux.

QUESTIONS. — 1. *Indiscret* : qui manque de retenue dans les paroles et dans les actions. — 2. Comment l'adjectif *gros* fait-il au féminin? Pourquoi? — 3. L'homonyme de *corps* est *cor*. Définir ces deux mots. — 4. L'homonyme de *voix* est *voie*. Définir ces deux mots. — 5. La *religion* est une institution divine, natu-

relle et positive par laquelle l'homme s'attache à Dieu et lui rend les devoirs qui lui sont dus. — 6. Comment l'adjectif *chrétienne* fait-il au masculin? Pourquoi? — 7. Combien l'adjectif *bel* a-t-il de forme pour le masculin singulier? Quand emploie-t-on *bel*? Quand emploie-t-on *beau*?

10e DICTÉE. — No 63 à 76.

(Même exercice que précédemment.)

Le bonheur *public* vaut mieux que la victoire. La justice est la mère de la paix (1) *publique* et de l'ordre (2) *privé*. La *première* pensée est souvent la *meilleure*. Une réprimande *sèche* (3) abat quelquefois le coupable. Il faut travailler le bois quand il est *sec* et non quand il est *vert*. La loi *nouvelle* (4) est plus *parfaite* que la loi *ancienne*. La vigne a la corolle *caduque*. Prévenez l'âge *caduc* pour acquérir des mérites pour la vie *éternelle*. C'est avec de la *fine* farine *blanche* qu'on fait le pain *blanc*. La langue *grecque* a servi à former bien des mots de la langue *française*. Une humeur *maligne* a travaillé le malade pendant une semaine *entière*. Absalon (5) avait une chevelure *longue* et *épaisse*. Le temps est *court*, mais l'éternité est *longue*, elle durera toujours.

QUESTIONS. — 1. *Paix* : tranquillité dans l'ordre (saint Augustin). — 2. *Ordre* : règne des lois. — 3. Quel est le masculin de l'adjectif *sèche*? — 4. Combien l'adjectif *nouvel* a-t-il de forme pour le masculin? Quand emploie-t-on *nouvel*? Quand emploie-t-on *nouveau*? *Loi nouvelle* : loi donnée aux hommes par J.-C.; *loi ancienne* : loi de Dieu donnée aux hommes par le ministère de Moïse. — 5. Absalon était fils de David. Il se révolta contre son père et essaya de le détrôner; mais la justice de Dieu le frappa au plus fort de la guerre parricide qu'il avait entreprise.

11e DICTÉE. — N° 65 à 79.

(Même exercice que précédemment.)

Une mort (1) *douce* suit une vie *vertueuse*. La vertu a un parfum plus *doux* que celui des fleurs. La flatterie est une *fausse* (2) monnaie qu'il faut rejeter. Allons à la campagne respirer l'air (3) *frais* du matin et fouler l'herbe *fraiche* de nos vallées. Admirez dans la variété des fleurs la puissance *créatrice*. Craignez du vice (4), l'amorce *trompeuse*. L'homme *trompeur* sera pris dans ses filets. Il règne un froid *excessif* dans la zône *glaciale*. Cet homme ressent une douleur *excessive* à la tête. Un homme *malheureux* est un être (5) *sacré*. La *malheureuse* faute d'Adam a perdu le genre humain. La colère est une passion *violente* et *impétueuse*. Dieu punit d'une peine *éternelle* le péché *mortel* non *pardonné*, et d'une peine *temporelle* le péché *véniel*. Une parole *douce* et *naïve* plaît sur les lèvres d'un enfant. Le saule aime une eau *vive*, et l'aune, une eau *dormante*.

QUESTIONS. — 1. Les homonymes de *mort* sont *Maure*, *mors*, *mords*. Définir ces mots (*). — 2. L'homonyme de *fausse* est *fosse*. — 3. Les homonymes de *air* sont *aire*, *ère*, *erre*, *haire*, *hère*. — 4. L'homonyme de *vice* est *vis*. — 5. L'homonyme de *être* est *hêtre*. — 5. Comment l'adjectif *mortel* fait-il au féminin? Pourquoi?

(*) On n'avertira plus de définir les homonymes qu'on indiquera, mais il faudra néanmoins toujours le faire.

12e DICTÉE. — N° 63 à 79.

(Même exercice que précédemment.)

L'instruction *religieuse* (1) est *essentielle*. Fuyez la *molle* oisiveté. La chèvre est *vive*, *capricieuse* et *vagabonde*. J'écoute la voix *plaintive* de la *tourterelle*. Que la nuit est *longue* et *pénible* pour le malade *souffrant!* La vertu (2) est plus *précieuse* que la science (3). L'hirondelle est la *messagère* de la *belle* saison. Le champ du paresseux est *improductif*. La poule est *vigilante* et *soigneuse* quand elle a des poussins. La douleur *intérieure* n'en est que plus *vive*. Mon *vieil* ami est venu me voir avec son *bel* habit *neuf*. Un enfant bien élevé ne s'arrête pas sur la place *publique*. Un livre n'est *beau* qu'autant qu'il est *bon* (4). La *basse* flatterie ne peut plaire qu'à la *sotte* vanité (5). Préférez une lecture *instructive* et *amusante* à une conversation *inutile* et souvent *ennuyeuse*. Une terre trop *sèche* n'est pas *productive*.

QUESTIONS. — Comment l'adjectif *religieuse* fait-il au masculin? Pourquoi? — 2. *Vertu* : disposition habituelle qui nous porte à la pratique d'un certain bien. — 3. *Science* : connaissance vraie de ce qui est (saint Jean-de-Damas). — 4. L'homonyme de *bon* est *bond*. — 5. *Vanité* : estime et recherche de ce qui n'a ni consistance ni durée.

13e DICTÉE. — No 63 à 80.

(Recopier la dictée et mettre, à part, dans une première colonne, les adjectifs écrits au masculin singulier, et, dans une seconde colonne, ces mêmes adjectifs écrits au masculin pluriel.)

Les esprits *faux* (1) sont *insupportables*. Les *vieilles* églises *gothiques* feront toujours l'admiration des *vrais* connaisseurs. Les conseils *agréables* sont rarement des conseils *utiles*. Le mondain prend les biens *apparents* pour les biens *véritables*. Les Italiens sont *civils*, *hospitaliers*, *spirituels*, *aptes* aux arts et aux sciences. Les Français sont *gais*, *spirituels*, *actifs*, *vaillants*, *généreux*, *magnanimes* (2). Les vieillards *instruits* (3) et *vertueux* (4) sont des serres où, malgré l'hiver, on trouve des fleurs *odorantes*, des fruits *succulents* et des arbrisseaux *rares* et *utiles*. Les souris sont *timides* par nature et *familières* par nécessité. Les loups sont naturellement *poltrons* (4), mais le besoin les rend *ingénieux* (5) et *hardis*. Les ours sont non-seulement *sauvages* (6) mais *solitaires* (7). Cet enfant a ses livres bien *rangés* et bien *propres*.

QUESTIONS. — 1. *Esprit faux* : esprit qui manque de droiture de jugement. — 2. *Magnanime* : qui entreprend de grandes choses pour le bien et les eéxcute généreusement. — 3. *Instruits et vertueux* : l'instruction qui n'accompagne pas la vertu est ordinairement plus nuisible qu'utile. — 4. *Poltron* : qui manque de courage. — 5. Comment l'adjectif *ingénieux* fait-il au féminin? Pourquoi? Comment fait-il au masculin et au pluriel? Pourquoi? —6. *Sauvage* : qui n'est pas apprivoisé. — 7. *Solitaire* : qui vit seul.

14e DICTÉE. — No 63 à 81.

(Recopier la dictée et mettre à part, dans une première colonne, les adjectifs écrits au féminin singulier, et, dans une seconde colonne, ces mêmes adjectifs écrits au féminin pluriel.)

Les peuples *occidentaux* (1) sont plus *civilisés* que les peuples *orientaux*. Les livres *immoraux* sont des poisons *mortels* pour l'âme. Recherchez la compagnie de jeunes gens *vertueux, instruits, polis, simples* et *sincères* (2). Le mensonge (3) est condamné par les lois *divines* et *humaines*. Les vents du Nord sont *glacials*. Les habits *blancs* (4) sont *préférables* aux habits *noirs*. Les bonnes œuvres sont du goût des âmes *généreuses* et *chrétiennes*. Le cœur est la source des *grandes* pensées. Les mœurs *antiques* sont *respectables*. Le pain est le *meilleur* de tous les aliments *végétaux*. Travailler est un devoir *indispensable* à l'homme *social*. Le climat *tempéré* produit les herbes les plus *douces*, les légumes les plus *sains*, les fruits les plus *suaves* et les animaux les plus *tranquilles*.

QUESTIONS. — 1. Comment l'adjectif *occidentaux* fait-il au singulier? Comment fait-il au féminin pluriel? — *Peuples occidentaux* : ceux qui habitent l'Europe. *Peuples orientaux* : ceux qui habitent l'Asie. — 2. *Sincère* : qui ne parle jamais autrement qu'il pense. — 3. *Mensonge* : parole ou action contraire à la vérité avec le dessein de tromper. — 4. Les *habits blancs* conservent la chaleur du corps en hiver et préservent de la chaleur du soleil en été ; les habits noirs ont un effet contraire.

15e DICTÉE. — N° 64 à 81.

(Recopier la dictée et mettre à part, dans une première colonne, les adjectifs écrits au masculin pluriel, et, dans une seconde colonne, ces mêmes adjectifs écrits au féminin pluriel.)

Les jambes de l'aigle sont *jaunes*, *fortes* et *couvertes* de plumes jusqu'aux pieds. Ses doigts sont armés de *formidables* serres (1). Des rochers *escarpés*, des ruines de châteaux *solitaires*, des tours *isolées*, ce sont là les places qu'il choisit pour demeures. Les souris, beaucoup plus *petites* que les rats, sont aussi plus *nombreuses*, plus *communes* et plus généralement *répandues*. Les renards sont *fins* autant que *circonspects*. La panthère (2) a l'œil *inquiet*, les mouvements *brusques*; elle a la voix *forte*, la langue *rude* et *rouge*, les dents *fortes* et *pointues*, les ongles *aigus* et *durs*, la peau *belle* et *semée* de taches *noires* et *arrondies* en anneaux et la queue *marquée* de *grandes* taches *noires*. En hiver, les jours sont *courts* et les nuits *longues*. Un air *indolent* (3), un visage *sale*, un habit *déchiré*, une tenue *négligée* sont, dans un enfant, les indices (4) d'une *mauvaise* éducation.

QUESTIONS. — 1. L'*aigle*, avec ses serres, enlève des lièvres, des agneaux, etc., qu'il transporte dans son nid ou *aire*. — 2. *Panthère* : quadrupède du genre chat, plus petit que le tigre, et remarquable par son beau pelage, fauve en dessus, blanc en dessous et orné sur les flancs de plusieurs rangées de taches noires en forme de raies. — 3. *Indolent* : qui manque d'ardeur et que rien ne peut exciter. — *Indice* : signe probable de l'existence d'une chose.

16e DICTÉE. — N° 84 à 89.

(Recopier la dictée.)

Les adjectifs *numéraux cardinaux* sont : un, deux, trois, quatre, cinq, six, sept, huit, neuf, dix, onze, douze, treize, quatorze, quinze, seize, vingt, trente, quarante, cinquante, soixante, soixante-dix, quatre-vingts, quatre-vingt-dix, cent, mille. Les adjectifs *numéraux, ordinaux* sont : premier, deuxième ou second, troisième, quatrième, cinquième. Il y a trois vertus théologales (1) : la foi, l'espérance et la charité, et quatre vertus cardinales (2) : la prudence, la justice, la force et la tempérance. Il y a vingt-quatre heures dans un jour, sept jours dans la semaine (3), douze mois dans l'année (4) et cent ans dans un siècle. Notre Seigneur Jésus-Christ a vécu sur la terre environ trente-trois ans. Il ressuscita trois jours après sa mort, et, quarante jours après sa résurrection, il monta au ciel. Ce fut le cinquantième jour après la sortie du peuple juif de l'Egypte que Dieu publia sa loi sur le Sinaï. Moïse vécut cent vingt ans. La vie des premiers hommes était plus longue que celle des hommes d'aujourd'hui. Le baptême est le premier et le plus nécessaire des sacrements. L'Amérique a été découverte en quatorze cent quatre-vingt-douze. La terre fait sa révolution autour du soleil en trois cent soixante-cinq jours six heures. Le quatrième jour, Dieu fit le soleil, la lune et les étoiles; le cinquième, il fit les poissons de l'eau et les oiseaux de l'air.

QUESTIONS. — 1. *Vertus théologales* : celles qui ont Dieu immédiatement pour objet. — 2. *Vertus cardinales* : celles qui sont comme la source de toutes les autres vertus morales. — 3. La *semaine* a été établie en mémoire de l'œuvre des six jours de la création et pour honorer le repos de Dieu au septième jour. — 4. L'*année* est déterminée par la durée que la terre emploie à faire sa révolution autour du soleil. — 5. *Sinaï* : montagne de l'Arabie où Dieu apparut à Moïse et lui donna sa loi.

17ᵉ DICTÉE. — Nᵒ 84 à 87.

(Recopier la dictée.)

Jésus dit à ses disciples : Laissez venir à moi les petits enfants. Voyez cet (1) oiseau perché sur l'extrémité de cette (2) branche, c'est une fauvette. Cet homme demeure dans ce (3) hameau, où il coule ses jours dans la paix. Ces (4) histoires sont vraies. Dieu accorde ses biens à celui qui met sa confiance en sa Providence. Un bon père aime ses enfants, mais il n'aime pas leurs défauts. Cet habit est trop court. Votre frère est studieux. Vos petits cousins sont bien polis. Mes parents sont bons. L'araignée vit de ses filets, comme le chasseur, de sa chasse Le bon Dieu a soin de ses créatures. Il faut régler ses désirs, ses affections et ses actions d'après la loi de Dieu. L'objet de mon espérance, c'est de posséder Dieu dans l'éternité. Ces petits enfants sont de bons élèves. Votre mère est contente de vos petites sœurs. Ton frère est instruit. Mes parents sont contents. Sa joie est innocente. Votre dissipation est un défaut. Le Nil (5) prend sa source dans ces contrées brûlantes de l'Afrique où le soleil darde perpendiculairement ses rayons.

1. Quand emploie-t-on l'adjectif démonstratif *cet* ? — 2. ...l'adjectif démonstratif *cette* ? — 3. ... l'adjectif démonstratif *ce* ? —

4. ... l'adjectif démonstratif *ces*? — 5. *Nil* : fleuve qui arrose l'Egypte et cause, par le débordement de ses eaux, la fertilité du pays Le Nil a son embouchure dans la Méditerrannée.

18e DICTÉE. — No 84 à 97.

(Recopier la dictée et mettre, à part, dans une première colonne, les adjectifs écrits au masculin pluriel, et, dans une seconde colonne, ces mêmes adjectifs écrits au féminin pluriel.)

Chaque homme a ses défauts. *Quelle* humilité (1), *quelle* foi, *quelle* charité, *quel* zèle dans les saints! *Tous* les hommes sont frères. *Plusieurs* enfants sont, par leur conduite, la honte (2) de leurs parents. *Telle* vie, *telle* mort. *Tel* père, *tel* fils. Autre pays, autres usages. Aucun élève paresseux ne sera récompensé. Mes amis, vous avez *tous* les *mêmes* devoirs et les *mêmes* leçons. Une *bonne* œuvre quelconque ne sera pas sans récompense. *Quelques* enfants seront un jour honteux, confus de leur ignorance (3). Ses avis me seront *utiles*. Notre vie est courte. L'orgueil étouffe *toutes* les vertus. *Quelle* heure est-il? Nulle paix pour l'impie. La charité vaut toutes les autres vertus.

1. *Humilité* : vertu qui consiste dans la connaissance de la vérité et dans la pratique de la justice envers soi-même. L'humilité est la mère et la gardienne des autres vertus. — 2. *Honte* : hommage involontaire rendu à la vertu qu'on est confus de ne pas avoir pratiquée, qu'on rougit d'avoir outragée. — 3. *Ignorance* : manque de connaissance, nuit de l'esprit.

CHAPITRE III.

Du Pronom.

19e DICTÉE. — N° 98 à 106.

(Recopier la dictée et mettre après chaque pronom personnel, entre parenthèse, le nom dont il tient la place.)

Je suis enfant de Dieu, *il* m'a adopté pour son enfant au saint baptême. Jules, *tu* seras studieux et obéissant. Victor a été réprimandé, *il* sera plus sage à l'avenir. La jeunesse est légère, *elle* n'a ni passé ni avenir. L'âme est immortelle : après cette courte vie, *elle* sera éternellement heureuse ou malheureuse. Ces élèves ont bien appris leur leçon ; on s'en est assuré en *les leur* faisant réciter. Louis et *moi*, *nous* avons été nous promener. Joseph et *toi*, *vous* avez eu tort (1) de ne pas apprendre vos leçons. Émile et Pierre ont été en retard pour la classe ; c'est pourquoi *ils* ont été mis en pénitence. *Toi* (2) et *moi* (3), *nous* aurons soin de remplir nos devoirs. Ces enfants ont demandé des choses déraisonnables ; on s'est cru obligé de les leur refuser, en *leur* recommandant de modérer leurs désirs (4).

1. Les homonymes de *tort* sont *torc*, *tords*, *tors*.— 2. L'homonyme de *toi* est *toit*. — 3. L'homonyme de *moi* est *mois*. — 4. L'homonyme de *désir* est *désire*.

20e DICTÉE. — N° 98 à 111.

(Recopier la dictée en mettant après chaque pronom possessif ou démonstratif, le nom dont il tient la place.)

Le jour et la nuit sont également des bienfaits de Dieu : *celui-là* est pour le travail et l'action, tandis que *celle-ci* est pour le repos. *Celui* qui est sage dans sa jeunesse, *le* sera aussi dans sa vieillesse. Votre pays sera *le mien*. Vos intérêts seront *les miens*, tout sera en (1) commun parmi nous. A nos yeux, nos défauts sont légers, et *ceux* du prochain sont (2) graves. Mon (3) livre est neuf, tandis que *le vôtre* est usé. Notre Père qui êtes aux cieux, que votre nom soit (4) sanctifié. Le nôtre et le vôtre sont des pronoms possessifs, tandis que notre, votre sont des adjectifs possessifs. En fait de défaut, j'ai *les miens*, vous avez *les vôtres*, chacun a *les siens*. Chacun a ses peines ; les grands ont *les leurs* comme nous avons *les nôtres*. Respecte la réputation (5) de ton prochain pour qu'il respecte *la tienne*.

1. L'homonyme de *en* est *an*. — 2. L'homonyme de *sont* est *son*. — 3. L'homonyme de *mon* est *mont*. — 4. Les homonymes de *soit* sont *soi*, *soie* et *sois*. — 5. *Réputation* : estime, renommée dont quelqu'un jouit dans le public.

21e DICTÉE. — N° 98 à 116.

(Recopier la dictée, en mettant après chaque pronom relatif, entre parenthèse, le nom dont il tient la place.)

Voici deux espèces de fruits : ceux-ci sont des

poires et ceux-là sont des pommes (1). Personne n'est dispensé du travail. Quiconque a commis une faute est obligé de la réparer. Le livre de votre sœur, *lequel* vous a été remis, est perdu. Voici deux fleurs, *laquelle* vous est la plus agréable : est-ce le lis (2) ou la rose? J'ai à votre service des livres ou des jeux : *lesquels* sont de votre goût, en ce moment? J'ai une alouette et un chardonneret; celle-là sera à vous et celui-ci à votre frère, pourvu que vous soyez sages l'un et l'autre. Vos parents et les miens seront contents de vous voir studieux.

1. On distingue les fruits à *pépins* (pommes, poires, etc.); les fruits à *noyeau* (cerises, prunes, etc.); les fruits à *coque* (noix, noisettes); les fruits à *baies* (raisins, groseilles). — 2 *Lis :* on croit le lis blanc originaire de la Syrie. Le *lis* est, en général, le symbole de la grandeur et de la majesté. Le lis blanc est l'emblême de l'innocence de la pureté virginale.

22e DICTÉE. — N° 98 à 116.

(Recopier la dictée et mettre à part, dans une colonne, les pronoms indéfinis.)

Quel est celui qui sera assez sage pour garder le silence? C'est moi. Toi, tu as mal à la tête. Il me serait doux de vous récompenser. Le chien est plus sensible au souvenir des bienfaits qu'à celui des outrages; il subit les mauvais traitements et les oublie, il lèche la main qui vient de le frapper, il ne lui oppose que la plainte et la désarme par sa soumission. Aimez-vous *les uns les autres*, rendez-vous service *les uns aux autres* et ne parlez pas mal *les uns des autres*. Celui-là est heureux dont le cœur est pur. Dieu rendra à *chacun* selon ses œuvres. *Personne* n'est prophète chez soi (1). L'ivresse est l'état le plus honteux dans lequel l'homme puisse tomber. Ce bien là est le vôtre, et celui-ci est le nôtre (2). Cette maison est plus grande que la sienne. Mon habit est usé et le tien est neuf. *Rien* ne sert de courir : il faut partir à temps.

1. Proverbe qui signifie qu'on est moins considéré dans son pays qu'ailleurs. — 2. Quelle différence entre l'orthographe de *notre*, *votre*, adjectifs possessifs et le *nôtre* et le *vôtre*, pronoms possessifs ?

CHAPITRE IV.

Du Verbe.

23e DICTÉE. — N° 121 à 165.

(Recopier la dictée et mettre à part les verbes dans une colonne, et indiquer dans une seconde à quel temps, à quelle personne et à quel nombre ils sont.)

Nous *avons été* studieux, et l'on *a été* content de nous. Vous *serez* dociles, mes amis, car la docilité (1) est la première qualité d'un enfant sage. Joseph ne *négligera* (2) pas ses devoirs. Victor *a récité* ses leçons. Louis *conserve* le souvenir des bienfaits et *oublie* (3) les injures. Tu *soulageras* (4) les malheureux. Tu *éviteras* de faire de la peine à tes condisciples. Nous *estimerons* la vertu et la science. La fraise vermeille *embaume* les gazons. Dieu *protége* l'innocence. J'*ignore* votre malheur. Nous *ignorions* l'arrivée de votre frère. Mes enfants, *respectez* toujours vos parents et *évitez* de leur faire de la peine.

1. *Docilité* : disposition de l'âme à se laisser façonner et former à la vertu. La docilité, dit le Sage, tient lieu au jeune homme de toute autre qualité, et, sans celle-ci, il ne saurait en avoir aucune. — 2. Pourquoi ni *t* ni *s* pour lettre finale de *négligera* ? — 3. L'homonyme de *oublie* est *oubli*. — 4. Pourquoi une *s* finale à *soulageras* ?

24e DICTÉE. — No 121 à 165.

(Recopier la dictée et mettre à part les verbes dans une colonne, et indiquer, dans une seconde, à quel temps, à quelle personne, à quel nombre ils sont.)

J'*éprouve* du plaisir (1) à bien *étudier* mes leçons. Je *traiterai* les autres comme je *désire* qu'on me *traite*. Tu *exprimeras* toujours fidèlement tes pensées dans tes paroles. Vous *honorerez* (2) toujours les images des saints. L'espérance *anime* le courage. Un seul Dieu tu *adoreras* ; Dieu, en vain, ne *jureras* ; les dimanche tu *garderas*. Nous *sacrifierons* nos intérêts personnels au bien général. Je *mangerai* mon pain avec reconnaissance et non comme la brute stupide *dévore* sa pâture. Vous vous *reposerez* sur les soins de la Providence. Ne *parle* jamais autrement que tu *penses*. On me *blâme* de ne pas être diligent. On m'*estime* d'avoir pardonné cette injure.

1. *Plaisir* : jouissance passagère. Le *bonheur*, au contraire, est une jouissance durable. Les créatures procurent des *plaisirs*, et le *bonheur* ne se trouve qu'en Dieu. — 2. Le culte d'honneur qu'on rend au saint s'appelle culte de *dulié*; celui qu'on rend à la très-sainte Vierge s'appelle culte d'*hyperdulie*, et celui qu'on rend à Dieu, culte de *latrie*.

25e DICTÉE. — N° 121 à 165.

(Recopier la dictée en mettant au pluriel les sujets en italique au singulier, et réciproquement. Faire souligner ces sujets.)

Mes parents regrettent (1) que je n'aie pas réparé ma faute. Mon *frère* regrette d'avoir négligé ses devoirs. Les hommes recherchent tous le bonheur. Le bon *élève* ne cherche point les occasions de causer. *Je* répète ma leçon, *tu* répètes sans cesse les mêmes histoires. J'ai pensé vous aller voir demain. *Tu* as pensé trop tard à t'éloigner du danger. Le *maître* blâme la paresse de ses élèves. On souffre de me voir contrarier mon petit frère. *Tu* ambitionnes mal à propos les honneurs de ce monde. Mes parents trouvent que *je* ne me lève pas assez tôt (2) le matin. *Je* gagnerai l'estime de mes semblables par ma bonne conduite. *Tu* t'appliqueras à bien écrire. Charles corrigera la dictée de Jules. Quand l'heure (3) sonnera nous entrerons en classe.

1. A quel temps, à quelle personne et à quel nombre est le verbe *regrettent*? Pourquoi ce verbe est-il à la troisième personne du pluriel? Comment trouve-t-on le sujet d'un verbe? Comment le verbe s'accorde-t-il avec son sujet? — L'homonyme de *tôt* est *taux*. — 3. Les homonymes de *l'heure* sont *leur* et *leurre*.

26e DICTÉE. — N° 121 à 165.

(Recopier la dictée et mettre au pluriel les sujets en italique au singulier, et réciproquement. On fait souligner ces sujets.)

Nous pardonnerons (1) les torts du prochain envers nous. *Je* me promenais dans la campagne quand le tonnerre grondait. J'aurais achevé mon devoir si (2) *je* n'avais pas été dérangé. *Nous* répéterions nos leçons si nous en avions le temps. *Nous* étudierions mieux nos leçons si nous étions raisonnables. Quand je suis levé le matin, je me lave les mains et le visage, et je prie ensuite. Si *je* ne repoussais pas promptement les mauvaises pensées, bientôt je ferais de mauvaises actions. La sobriété (3) conserve la santé de l'âme et du corps. Les *élèves* écoutent les explications que donne le maître. Les *enfants* bien élevés respectent (4) les vieillards.

1. A quel temps, à quelle personne et à quel nombre est le verbe *pardonnerons*? Pourquoi est-il à la première personne du pluriel? — 2 Les homonymes de *si* sont *ci* et *scie*. — 3. *Sobriété* : modération dans le boire et le manger — 4. *Respecter* : rendre hommage à la vertu, aux talents, à la dignité ou à l'ancienneté de quelqu'un.

27e DICTÉE. — N° 121 à 167.

(Recopier et mettre au singulier les sujets en italique au pluriel et réciproquement. Faire souligner ces sujets.)

Un ange (1) annonça (2) à Marie qu'elle serait la mère du Sauveur. *Je* traçai mon cahier dans la matinée d'hier. On m'a tracé un règlement de vie. Par nos actions, *nous* retraçons nos pensées et nos sentiments. Beaucoup de saints partageaient leur temps entre le travail et la prière. Bien souvent *nous* ne ménageons (3) pas assez nos intérêts éternels. Les parents s'affligent de la mauvaise conduite de leurs enfants. Le mauvais temps d'hier nous força d'abréger notre promenade. *Vous* abrégeâtes bien mal à propos votre lettre de la semaine passée. Ne négligeons pas les moyens d'obliger notre prochain. Avançons dans la vertu et dans la science. Ne forçons pas notre talent.

1. Qu'est-ce que c'est qu'un ange? Combien y a-t-il de sortes d'anges? De combien de bons anges sait-on le nom? De trois : Gabriel, Raphaël et saint Michel. — 2. Quelle remarque y a-t-il à faire sur les verbes en *cer* à l'infinitif? Qu'est-ce que la cédille? — 3. Quelle remarque y a-t-il à faire sur les verbes en *ger* à l'infinitif? Comment nomme-t-on l'*e* ajouté après le *g* devant *a* et *o*? On le nomme *e* euphonique.

28ᵉ DICTÉE. — Nº 121 à 167.

(Recopier la dictée et mettre au pluriel les sujets en italique au singulier, et réciproquement. Faire souligner ces sujets.)

Partageons le peu que nous avons avec ceux qui manquent de tout (1). Dieu demande que nous employions bien notre temps. Ménageons le temps. Moïse (2) changea en sang (3) les eaux (4) du Nil. *Nous* appelons Dieu notre père, et il l'est en effet. *Je* me rappellerai (5) toujours le bienfait dont on m'a comblé. Louis, tu rejettes (6), à tort, tes fautes sur autrui. Renouvelons souvent nos bonnes résolutions. Papa et maman, je vous renouvelle la promesse d'être bien studieux et bien soumis. Le vent amoncelle la neige. Mon *ami*, étudie ta leçon au lieu de feuilleter ton livre. Victor, tu feuillettes une brochure dont tu ignores le mérite. Rejetons la tentation dès qu'*elle* se présente à nous.

1. Les homonymes de *tout* sont *toue* et *toux*. — 2. *Moïse* : le législateur des Hébreux Son nom signifie *sauvé des eaux*. — 3. Les homonymes de *sang* sont *cent, cens, sans* et *sens*. — 4. Les homonymes de *eaux* sont *haut, oh, ho, ô, os* (pluriel). — 5.

Qu'y a-t-il à remarquer sur l'orthographe des verbes en *eler*, *eter*, à l'infinitif? Pourquoi faut-il deux *l* à *rappellerai*? — 6. Pourquoi faut-il deux *t* à *rejettes*?

29e DICTÉE. — No 121 à 169.

(Recopier la dictée et mettre au singulier les sujets en italique au pluriel, et réciproquement. Faire souligner ces sujets.)

Il est bien juste que nous remerciions (1) Dieu de ses bienfaits. *Enfants*, employez bien votre temps, car il passe vite et ne revient plus. J'emploie mon temps à l'étude. *Tu* t'ennuies (2) parce que tu ne travailles (3) pas et que tu n'es pas sage. C'est dans le ciel que Dieu déploie sa puissance pour glorifier ses élus. La religion essuie les larmes du malheur et fait couler celles du repentir. Il faut que *vous* croyiez et non que vous voyiez, car il est écrit : Bienheureux *ceux* qui croient sans avoir vu. Il faut que *nous* sacrifiions nos plaisirs à nos devoirs. Avant de parler, assurez-*vous* des choses, afin que vous n'affermiez pas demain ce que vous niiez hier. La conscience (4) bourelle le méchant. La terre paye (ou paie) avec usure les peines du laboureur.

1. Pourquoi faut-il deux *i* à *remerciions*? — 2 Pourquoi *es* à la fin de tu *t'ennuies*? L'homonyme de *ennuies* est *ennui*. — 3. L'homonyme de *travaille* est *travail*. — 4. La conscience est une *lumière* intérieure qui nous éclaire sur le mal qu'il faut éviter et sur le bien qu'il faut pratiquer ; c'est un juge qui nous condamne ou nous approuve suivant que nous faisons le bien ou le mal

30e DICTÉE. — N° 121 à 176.

(Recopier la dictée en mettant au pluriel les sujets en italique au singulier, et réciproquement. Faire souligner ces sujets.)

C'est en étudiant que *vous* acquerrez (1) des connaissances. Béni soit celui qui vient au nom du Seigneur. *Je* bénis la main qui me fait du bien. La vertu s'acquiert par des actes de vertu souvent répétés. Personne ne sait quand il mourra. Le *chrétien* meurt spirituellement à lui-même, en renonçant (2) à ses mauvaises inclinations. Les enfants bien élevés ne courent pas les rues. Aujourd'hui, *nous* étudions, demain nous courrons la campagne. *Je* vous ai promis une visite et je tiendrai parole. J'ai été nu et vous m'avez vêtu, dira Jésus-Christ à ses élus, au jugement dernier. En revêtant un pauvre, c'est J.-C. que tu revêts.

1. Qu'est-ce qu'un verbe irrégulier? A quel temps est *acquerrez*? De quel temps se forme le futur simple et comment? En quoi est irrégulier acquerrez? (Dans la suppression de l'*i* entre les deux *r*.) A quel temps est irrégulier le verbe *acquérir*? — 2. *Renoncer à ses inclinations*, c'est ne point les suivre et les combattre.

51e DICTÉE. — N° 121 à 178.

(Recopier la dictée et mettre au pluriel les sujets au singulier en italique, et réciproquement. Faire souligner ces sujets.)

Tu ne t'assiéras pas en présence d'un vieillard debout. La terre se meut autour du soleil. Il plut tant hier que *je* ne pus aller à la campagne. Il y a désordres où l'intérêt personnel prévaut sur le bien général. Je sais que mon Rédempteur est vivant et que je le verrai (1) de mes yeux, disait Job (2). *Nous* ne valons que ce que Dieu nous estime. Je ne puis rien, je ne vaux rien et je ne suis rien, mais je peux tout en Dieu, disait un saint personnage. Tout le monde dit : Je veux me sauver, et cependant peu de gens en prennent les moyens. Dieu pourvoit abondamment à la subsistance de toutes les créatures. Si *tu* penses que tu vailles mieux qu'un autre, c'est orgueil (3) de ta part. Si *tu* es prudent en tout, tu prévoiras la fin avant de commencer. Sois miséricordieux et *tu* obtiendras miséricorde.

1. En quoi le verbe *envoyer* est-il irrégulier au futur simple ? — 2. *Job,* personnage célèbre de l'Idumée, vivait du temps de Moïse. Il est remarquable par sa patience au milieu des épreuves par lesquelles Dieu le fit passer. — 3. *Orgueil :* estime déréglée de soi-même qui fait qu'on se préfère aux autres et qu'on rapporte à soi ce qu'il faut rapporter à Dieu. C'est le premier et le principe de tous les péchés.

32e DICTÉE. — N° 121 à 180.

(Recopier la dictée, et mettre au singulier les sujets au pluriel en italique, et réciproquement.)

Quand *tu* as chaud, ne bois pas d'eau froide. Je couds pour apprendre à coudre. Je craignais pour toutes mes actions, dit Job. L'enfant Jésus croissait en grâce et en sagesse, devant Dieu et devant les hommes à mesure qu'il avançait en âge. Dites toujours la vérité, et que le mensonge ne souille jamais vos lèvres. Connaître Dieu et observer sa loi, c'est là tout l'homme. Jules, tu écriras à tes parents. Ce moulin moud cinquante sacs de blé par jour. Meunier, vous moudrez ce blé aujourd'hui. J'écrivis hier une lettre à un de mes amis et je mis dedans l'hommage de ma piété filiale (2) pour mes chers parents. La précipitation nuisit toujours à l'action. Quand *vous* écrivez, vous peignez vos pensées. Ne prenez jamais en mauvaise part les avertissements qu'on vous donne.

1. En ne suivant pas ce conseil, on expose sa santé aux plus graves dérangements.—2. *Piété filiale*: amour des enfants pour leurs parents.

33e DICTÉE. — N° 121 à 180.

(Même exercice que précédemment.)

En tout, cherchez à plaire à Dieu. Je plains l'homme accablé du poids (1) de ses plaisirs. En ce monde, il faut que chacun prenne patience. Rendons grâce à Dieu des biens qu'il nous envoie (2), et soumettons-nous avec patience aux épreuves qu'il nous ménage. *Vous* résolvez mal à propos vos problèmes en ce moment. *Je* crois que vous ne mettez pas assez de zèle dans l'accomplissement de vos devoirs. Si *vous* ne vainquez vos passions, elles vous vaincront. Il y a un temps pour parler et un temps pour se taire (3). *Je* tais les torts de mon prochain et *je* reconnais les miens, c'est à quoi la charité et la justice m'obligent. Suivez les bons exemples. Répondez quand on vous interroge.

1. *Poids* : pression qu'un corps exerce sur un obstacle qui s'oppose à sa chute. La pesanteur est la cause du *poids* des corps Les homonymes de *poids* sont *pois* et *poix*. — 2. L'homonyme de *envoie* est *envoi*.—3. L'homonyme de *taire* est *terre*.

34e DICTÉE. — N° 123 à 203.

(Même exercice que précédemment.)

L'*homme* est fait à l'image de Dieu. La lune a été faite (1) pour tempérer l'obscurité de la nuit. La ville de Jérusalem (2) a été détruite par les Romains. Votre *lettre* est cachetée, vous la ferez partir quand vous voudrez. Vos *plumes* sont taillées et vos *cahiers* tracés; vous pouvez écrire. Ces *livres* ont été mal reliés. Cette *maison* sera vendue au plus offrant. La *pluie* est tombée avec tant d'abondance que les campagnes ont été inondées. Un service rendu ne sera jamais perdu. Jésus-Christ fut tenté dans le désert. (3). Les Juifs furent persécutés par leurs voisins. En hiver, les arbres sont dépouillés de leurs feuilles et les campagnes sont désertes. Une âme dissipée est une ville ouverte à l'ennemi. Les *hommes* sont appelés à posséder Dieu dans l'éternité. La mer est peuplée de poissons.

1. Pourquoi un *e* à *faite*? Comment s'accorde le participe passé accompagné de l'auxiliaire être. — 2. C'est l'an 70, après J.-C., que Titus détruisit Jérusalem. — 3. *Désert*: lieu inhabité.

35e DICTÉE. — N° 128 à 204.

(Recopier la dictée et mettre au singulier les noms en italique.)

Je vous rends les *livres* que vous m'avez prêtés (1) et vous en remercie. Vous avez bien su vos leçons, mais vous n'avez pas fait assez bien vos devoirs. J'ai vu votre tante (2) bien souffrante. Voilà des *livres* bien intéressants ; de qui les avez vous eus? J'ai vu des oiseaux portant la becquée à leurs petits. La grêle a ravagé les *terres* que l'on avait ensemencées. Vous recevrez les *marchandises* que je vous ai promises, et j'espère que vous en serez content. Que les *secrets* qui te sont confiés, restent ensevelis dans ton cœur (3). Les plus fortes *inclinations* sont celles qu'on a prises dès (4) l'enfance. Plus nos *devoirs* sont étendus, plus nous devons faire (1) d'efforts pour les remplir. Les âmes nobles gagnent toujours à être connues.

1. Comment s'accorde le participe passé accompagné de l'auxiliaire avoir?—Quel est le complément direct de *prêtés*? Pourquoi faut-il une *s* à ce participe?—2. L'homonyme de *tante* est *tente*. —3. L'homonyme de *cœur* est *chœur*.—4. Les homonymes de *dès* sont *dais*, *des* et *dé*.—5. L'homonyme de *faire* est *fer*.

36e DICTÉE. — No 123 à 204.

Le lion et le tigre ne paissent (1) jamais avec les agneaux. Tout ce qui reluit n'est pas or (2). Dieu absout bien souvent ceux que les hommes condamnent. Il y a peu d'hommes qui sachent se contenter de leur état. Les talents sont innés, et c'est l'éducation qui les développe. La vérité est éternelle; on la méconnaît, on l'outrage, mais on ne saurait l'anéantir. Les ambitieux n'ont jamais joui de rien; tous ont séché et dépéri au milieu de leur abondance. Vos affaires sont-elles terminées? Vous avez rencontré bien des difficultés dans votre voyage; cependant, avec de la patience, vous les avez toutes surmontées (3). Lorsqu'un peuple est corrompu, la loi est un frein à peu près nul.

1. Pourquoi le verbe *paissent* doit-il être ici au pluriel? — 2. L'homonyme de *or* est *hors*. — 3. Pourquoi *es* à la fin de surmontées?

37e DICTÉE. — No 205.

(Recopier la dictée et mettre à part, dans une colonne, les adverbes.)

N'examinez pas combien un homme sait, mais comment il sait. Rire haut est ridicule et sot. Il faut aimer Dieu préférablement à toute chose. Il n'y a pas un homme sans défauts; le meilleur est celui qui en a le moins. Il faut accoutumer les enfants à raisonner juste. N'ayez point un sentiment sur les lèvres et un autre dans le cœur. L'âne est, de son naturel, aussi patient, aussi tranquille que le cheval est ardent et impétueux. Il n'y a rien qu'on doive plus détester que de blesser la vérité. La vie des premiers hommes était beaucoup plus longue que la nôtre. Pour que le lion (1) attaque l'homme, il faut qu'il ait bien faim (2) Il n'est point (3) de noblesse, où manque la vertu. L'homme doué d'un esprit juste et solide, ne tombe jamais dans l'affectation (4).

1. L'homonyme de *lion* est *Lyon*. — 2. Les homonymes de *faim* sont *fin* et *feins*. — 3. L'homonyme de *point* est *poing*. — 4. *Affectation* : manière recherchée de parler et d'agir et éloignée du naturel.

38e DICTÉE. — No 208.

(Recopier la dictée et mettre à part, dans une colonne, les prépositions.)

On voit les maux d'autrui d'un autre œil que les

siens. La langue d'un muet vaut mieux que celle d'un menteur. En tout, la vertu s'est fait estimer. Semez les bienfaits, il en naitra d'heureux souvenirs. L'amitié est un contrat tacite entre (1) deux personnes sensibles et vertueuses. La maxime la plus sage à l'égard des secrets, c'est de n'en point dire et de n'en point écouter. Dans la prospérité, les amis attendent (2) qu'on les appelle (3), dans l'adversité, ils se présentent eux-mêmes. La terre est un point auprès du reste de l'univers. Témoignez votre affection par des effets plutôt que par des paroles. La gaieté (4) est la santé de l'ame. En forgeant on devient forgeron.

1. L'homonyme de *entre* est *antre*. — 2. Pourquoi le verbe attendent est-il à la troisième personne du pluriel ? — 3. Pourquoi deux *l* à *appelle* ? — 4. *Gaîté* ou *gaieté* : belle humeur.

39ᵉ DICTÉE. — N° 211.

(Recopier la dictée et mettre, dans une colonne, les conjonctions.)

Les lois sont destinées à rendre les hommes sages et heureux. Le sage est ménager (1) du temps et des paroles aussi. Ne riez ni longtemps, ni souvent, ni avec excès. Les lois se multiplient à mesure que les mœurs (2) se dépravent. Les lois n'ont de force que lorsqu'elles sont appuyées sur la morale (3). Vivez de manière que tout le monde ait pour vous de l'estime. Il n'y a rien qui rafraichisse le sang comme une bonne action. Dès qu'il s'agit de rendre service, il faut songer que la vie est courte, et qu'il n'y a pas un moment à perdre. Remplissons nos devoirs quoi qu'il en coûte. Quand on souffre, ou que l'on craint de souffrir, on plaint ceux qui souffrent (4); mais tandis qu'on souffre, on ne plaint que soi.

1. *Ménager* : qui entend l'épargne, qui use avec sagesse.— 2. *Mœurs* : habitudes dans la conduite de la vie.—3. *Morale* : règle des mœurs en vue de l'éternité.—4. Pourquoi *souffrent* à la troisième personne du pluriel ?

40e DICTÉE. — No 214.

Eh ! sur quoi vous fondez-vous donc pour croire votre dernier jour si éloigné ? Est-ce sur votre jeunesse ? —Eh bien ! Oui ; je n'ai encore que vingt ans, que trente ans. —Ah ! vous vous trompez du tout au tout. Hélas ! non, ce n'est pas vous qui avez vingt ou trente ans, c'est la mort qui a déjà vingt, trente ans d'avance sur vous, trente ans de grâce que Dieu a voulu vous accorder en vous laissant vivre, que vous lui devez, et qui vous ont rapproché, hélas ! du terme où la mort doit vous achever. Prenez y garde, l'éternité approche, elle marque déjà sur votre front l'instant fatal où elle va commencer pour vous. Eh ! savez-vous ce que c'est que l'éternité ? C'est une pendule dont le balancier dit et redit sans cesse dans le silence du tombeau : Toujours ! jamais !... jamais ! toujours !... Et pendant ces révolutions, un réprouvé s'écrie : « Quelle heure est-il ? » et la même voix lui répond : « L'éternité ! »

DEUXIÈME PARTIE.

Dictées récapitulatives.

1re DICTÉE. — Du Soleil.

Venez voir le lever du soleil. Quel spectacle! Cet astre lumineux ouvre sa carrière comme un superbe géant. Ne croirait-on pas assister à une nouvelle création? Tout renaît, tout s'embellit à ses premiers rayons. Le ciel étincelle (1) de feux. Les montagnes se se dorent. Les forêts reverdissent. Les champs (2) se raniment. Les fleurs ouvrent leurs calices vermeils et odoriférants. Toutes les gouttes (3) de rosée sur sur l'herbe forment autant de diamants. Les oiseaux font retentir les airs de chants mélodieux. Que la nature est belle et ravissante! Elle annonce la gloire et la majesté de son Auteur et nous invite à le louer.

1. Pourquoi deux *l* à *étincelle*? — 2. L'homonyme de *champ* est *chant*. — 3. L'homonyme de *goutte* est *goûte*.

2e DICTÉE. — De la Nuit.

Si le jour a ses beautés, la nuit a aussi les siennes. Le temps est doux et serein (1), entrons dans le jardin. Ouvrez les yeux. Quelle illumination majestueuse. Comptez, si vous le pouvez, tous ces superbes diamants attachés à la voûte des cieux. Comme ils brillent, comme ils étincellent! La lune, dans sa course lumineuse, marche au milieu d'eux, comme une reine entourée de sa cour (2). D'où vient donc cette magnificence? C'est une attention de la divine Providence. L'homme, obligé de marcher la nuit, avait besoin de lumière et d'agréments, et elle a placé dans le firmament cette multitude de flambeaux pour éclairer sa marche et charmer sa vue. En examinant tant de bienfaits, comment ne pas aimer Celui qui en est l'auteur?

1. *Serein* : claire, calme. L'homonyme de *serein* est *serin* — 2. Les homonymes de *cour* sont *cours* et *court*, *courre*.

3e DICTÉE. — L'Eau.

Que ce lieu est charmant! un ruisseau limpide d'un côté et une cascade bouillante de l'autre. Les eaux de l'un et de l'autre sont l'image de notre vie. Hélas! nous passons comme elles, à cette différence près, que la cascade (1) peint (2) l'agitation des passions, et le ruisseau la tranquillité de l'homme vertueux. Voyez comme cette prairie (3) est verdoyante et fleurie; ôtez-en l'eau et tout sera flétri. L'eau nous rafraichit, nous désaltère, elle purifie notre corps et lui communique la santé avec la propreté. Le pain et presque tous les aliments de l'homme sont préparés avec de l'eau. L'eau est partout nécessaire, et elle est répandue partout.

Entre ces deux rives fleuries,
Bénissez Dieu, petit ruisseau,
Tout passe, hélas! comme votre eau,
Passe dans ces prairies.

1. *Cascade* : chute d'eau bruyante. — 2. Les homonymes de

peint sont *pain*, *peins*, *pin* — 3. *Prairie* : terrain où l'on récolte le foin. On distingue les prairies *naturelles* et les prairies *artificielles*. Les terrains humides qu'on ne peut cultiver forment les prairies naturelles, et les champs ensemencés de trèfle, de sainfoin, etc., forment des prairies artificielles.

4e DICTÉE. — Bienfait de Dieu dans les créatures.

Dieu a tout fait pour sa propre gloire et pour l'utilité et l'agrément de l'homme. Combien ce dernier motif donne de grandeur, de dignité, de noblesse, à mon être ! C'est donc pour moi que ce globe lumineux qui roule si majestueusement, allume tous les jours son flambeau. C'est pour moi que la terre se couvre tous les ans de verdure, de fleurs et de fruits ; qu'elle nourrit toutes les espèces d'animaux ; que les fontaines, les rivières, les nuées distribuent leurs eaux ; que la mer (1) renferme dans son sein (2) une quantité prodigieuse de poissons. Otez l'homme, tout est sans but. Il existe, tout est à sa place. L'homme est roi. l'univers est son empire, tous les êtres sont ses sujets. Ils lui apportent à l'envi le tribut (3) de tout ce qu'ils possèdent. De quels sentiments de reconnaissance ne devons-nous pas être pénétrés envers (4) Dieu, à la vue de tant de bontés.

1. *La mer* : l'ensemble des eaux qui environnent la terre. Les homonymes de *mer* sont *maire* et *mère* — 2. Les homonymes de *sein* sont *sain*, *saint*, *seing*, *cinq*, *ceins*. — 3. L'homonyme de *tribut* est *tribu* — 4. L'homonyme de *envers* est *Anvers*.

5e DICTÉE. — L'Homme.

L'homme est le plus bel ouvrage des mains du Créateur, il est l'image de Dieu sur la terre. Tout marque(1), dans l'homme, sa supériorité sur les autres êtres créés. Il se soutient droit et élevé, sa tête regarde le ciel pour lequel il est fait, et présente une face auguste sur laquelle est (2) empreint le caractère de sa dignité. L'âme humaine est un être spirituel et immortel, capable de connaître, d'aimer, de vouloir et d'agir avec liberté. La démarche de l'homme est majestueuse, ferme et hardie; son extérieur est noble et gracieux.

1. Quel est le sujet du verbe *marque*? — De quelle nature est ici le mot *tout*? — 2. Quel est le sujet de *est*? Où se place ordinairement le sujet du verbe? Comment nomme-t-on la construction lorsqu'il est placé après.

6e DICTÉE. — La vérité.

Être vrai, est le premier devoir (1) de l'homme. Le Créateur nous a formés pour la vérité, et tous nos sens (2) sont comme autant d'avenues préparées pour l'introduire en nous. Nos oreilles sont faites(3) pour l'entendre, nos yeux pour la voir, notre bouche pour la prononcer, notre esprit pour la connaître, notre mémoire (4) pour la retenir, et notre cœur pour l'aimer. Celui qui cherche la vérité avec un cœur simple, la trouve toujours, et elle fait son bonheur et sa gloire. Celui qui la chérit et la dit, est le vrai sage.

1. *Devoir* : loi intérieure et perpétuelle qui commande à la volonté et est promulguée par la conscience. Le *Devoir* c'est l'*homme*. (Ecriture sainte). — 2. *Sens* : organes par le moyen desquels l'âme se met en rapport avec les objets extérieurs. L'homme a cinq sens : Le toucher, la vue, l'ouïe, l'odorat et le goût. — 3. Pourquoi *es* à *faites* ? — 4. *Mémoire* : faculté que l'âme a de se souvenir de ce qu'elle a vu, entendu ou appris. La mémoire est la trésorière de l'esprit.

7e DICTÉE. — Obéissance envers les parents.

Un enfant qui manque de soumission (1) à son père et à sa mère, met (2) le désordre et la désolation dans la famille. Les parents tiennent (3), auprès des enfants, la place de Dieu, qui veut qu'on leur obéisse comme à lui-même. Les enfants doivent être, entre les mains de leurs parents, comme un jeune arbrisseau qui se plie au gré de celui qui le dirige. Enfants chrétiens, soyez donc toujours bien soumis, non pas par un motif de crainte, comme un vil esclave, mais par devoir et par amour pour Dieu et pour vos parents, comme un fils vertueux. C'est dans cette soumission que vous trouverez la paix et le bonheur. En désobéissant, vous vous rendrez malheureux.

1. *Soumission* : disposition de la volonté à faire tout ce qui est commandé. C'est surtout cette disposition que les enfants doivent imiter en N. S. J.-C., dans leurs rapports avec leurs parents. — 2. Les homonymes de *met* sont *mes*, *mais*, *mets*. — 3. A quels temps et à quelle personne est le verbe *tiennent* ? De quel temps se forment les trois personnes du pluriel du présent de l'indicatif ? En quoi le verbe *tiennent* est-il ici irrégulier ?

8e DICTÉE. — LE MENSONGE.

Le mensonge est odieux. Il n'y a point de vice, ni plus bas (1), ni plus honteux, ni plus flétrissant. Le menteur est coupable envers Dieu qu'il outrage dans sa souveraine véracité. Le menteur est coupable envers la société qu'il travaille à détruire. Que deviendrait-elle, en effet, si la sincérité et la bonne foi en étaient bannies (3). Le menteur est coupable envers ceux qui l'écoutent, qu'il trompe et de la confiance desquels il abuse. C'est un rôle abominable que celui de menteur, c'est un rôle déshonorant. Dans la société, on déteste plus le menteur que le voleur.

1. Les homonymes de *bas* sont *bah* et *bât*. — 2. Pourquoi *étaient* à la troisième personne du pluriel? — 3. *Bannir:* exclure. Pourquoi *bannies* au féminin pluriel.

9e DICTÉE. — LES ANIMAUX DOMESTIQUES.

On appelle (1) animaux domestiques, toutes les bêtes de service qui sont destinées (2) à obéir à l'homme, à le soulager dans ses travaux, à suppléer à ce qui manque à ses forces, à lui fournir des vêtements, et à le nourrir. Dieu, dont la bonté est infinie, a ainsi préparé à l'homme des domestiques pour partager son travail ou même pour l'en dispenser dans ce qu'il y a de plus pénible. Il a commandé à des animaux de grande force, de n'en faire usage que pour l'homme, de ne se servir de leur taille que pour son service, d'accepter son joug (3) sans résistance et de respecter la voix d'un enfant qui aurait ordre de les conduire.

1. Pourquoi deux *l* ici, à *appelle*? — 2. Pourquoi *destinées* au féminin pluriel? — 3. *Joug* : servitude, dépendance.

10e DICTÉE. — Le Travail.

L'homme est né (1) pour le travail, comme l'oiseau pour le vol (2). La société est un grand corps qui ne se soutient que par l'activité de ses membres. Celui qui ne travaille pas, dit le Sage, ne doit pas manger. Ne regardons point le travail comme un fardeau onéreux, car (3) il honore l'homme et le rend heureux. L'ennui et la honte sont (4) le partage de l'homme oisif. Enfants, contractez de bonne heure l'habitude du travail, car en travaillant vous acquerrez l'estime publique, vous plairez à Dieu, et vos jours s'écouleront dans la paix et l'innocence.

1. L'homonyme de *né* est *nez*. — 2. L'homonyme de *vol* est *vole*. — 3. Les homonymes de *car* sont *carre* et *quart*. — 4. Pourquoi *sont* à la troisième personne du pluriel?

11e DICTÉE. — La Sibérie.

Au nord de l'Asie, s'étendent (1) les déserts glacés de la Sibérie. A mesure qu'on s'avance vers (2) le nord, les habitations disparaissent, les arbres diminuent de hauteur, la terre n'offre bientôt plus que d'arides broussailles, enfin on ne trouve plus un brin d'herbe. Cette terre nue, sèche, est d'une étendue effrayante. Des plaines (3) immenses et des marais sans nombre, bornent partout un horizon solitaire. Pendant neuf mois le sombre hiver attriste ces régions. La partie fertile de la Sibérie a trois mois de chaleur excessive. Alors c'est un spectacle merveilleux que la rapidité avec laquelle les plantes sortent de la terre. Des troupeaux de rennes animent ces solitudes.

1. Quel est le sujet de *étendent*? Comment nomme-t-on la construction lorsque le sujet est placé après le verbe? — 2. Les homonymes de *vers* sont *ver*, *verre* et *vert*. — 3. L'homonyme de *plaine* est *pleine*.

12e DICTÉE. — L'Arabie.

Des déserts et des oasis (1) occupent le plus grand espace du sol (2) arabique. Un des déserts de cette contrée est une terre couverte de sable et placée sous un ciel toujours pur. Jamais cette terre n'est rafraîchie par une pluie bienfaisante; toujours un soleil ardent l'embrase et la dévore de ses feux. Là, les pieds du voyageur sont brûlants, sa poitrine haletante. Heureusement qu'il y a un oasis, terre charmante et hospitalière, où l'on trouve de l'eau fraîche, de la verdure et de l'ombre. Mais que la terre est gracieuse et fertile où les sables sont ignorés! Que de plantes odorantes et d'arbrisseaux (3) précieux! Comme le ciel est éclatant et pur! Comme l'air est embaumé!

1. *Oasis:* terre arrosée et cultivée au milieu d'un désert aride. — 2. Les homonymes de *sol* sont *sole*, *Saul* et *saule*. — 3. Sous le rapport de la stature, les plantes se divisent en trois grandes classes: les *arbres*, les *arbrisseaux* et les *herbes*.

13e DICTÉE. — Le Laboureur et son fils (Fable).

Un laboureur avait un fils. L'espoir du gain et le désir d'avoir dans ce fils l'héritier de sa profession, le déterminèrent (1) à le charger de cultiver un de ses champs. Or, ce champ était depuis longtemps négligé, tout hérissé d'épines et de ronces. L'enfant fut déconcerté à la première idée d'un travail si pénible. Ayant parcouru des yeux cette affreuse forêt (2), il se jeta à terre et ne fit rien tout le jour. Alors le père s'adressant à son fils lui dit : Mon fils, ne perds pas courage, mais ne fais attention qu'à la tâche que tu as à remplir chaque jour ; demain, tu ne défricheras que ce petit coin (3) qui n'est que de six mètres (4). Le fils, voyant sa tâche si réduite, y consentit avec plaisir, et s'en acquitta très-bien. Le surlendemain, même tâche, même docilité, même succès. Enfin les jours suivants, le fils exécuta avec tant d'ardeur et d'activité les ordres de son père que le champ fut bientôt tout cultivé. *A chaque jour suffit son mal.*

1. Pourquoi *déterminèrent* à la troisième personne du pluriel ? —2. *Forêt :* grande étendue de terre couverte de bois. L'homonyme de *forêt* est *foret*. — 3. L'homonyme de *coin* est *coing*. — 4. L'homonyme de *mètre* est *maître*.

14e DICTÉE. — Instinct admirable.

Les éléphants vont toujours par troupes. Quand un d'entre eux est tombé dans une de ces fosses que font (1) les chasseurs pour les prendre, ses compagnons y jettent du bois ou des pierres pour l'aider à remonter. Pour les lions, les jeunes mènent les vieux à la chasse. Quand ceux-ci sont fatigués, ils se reposent jusqu'à ce que les jeunes, ayant trouvé une proie, les appellent par un cri (2) particulier. Alors les vieux accourent aussitôt en toute hâte et prennent leur part du butin. Les instincts (3) des animaux sont la honte de l'humanité, et nous devrions rougir de notre égoïsme (4) et de notre peu de dévouement pour le prochain.

1. Les homonymes de *font* sont *fond*, *fonds* et *fonts*.— 2. Les homonymes de *cri* sont *cric* et *cric*. — 3. *Instinct* : loi naturelle qui porte les animaux à agir dans le but de pourvoir à leur subsistance et à leur conservation. — 4. *Égoïsme* : amour exclusif de soi-même.

15e DICTÉE. — La Religion.

La religion a pris naissance dans le sein de Dieu. Elle est descendue du ciel pour instruire l'homme et le consoler. Elle doit être moins le sujet de nos conversations que de nos méditations. Tout en elle est divin, tout est respectable : ses dogmes, ses mystères (1), sa morale, ses cérémonies, ses ministres. Les hommes qui en parlent librement ne la connaissent point. Son flambeau est fait pour éclairer tous les hommes ; mais quelques-uns ferment les yeux à sa lumière, et d'autres, plus hardis et plus malheureux encore, voudraient l'éteindre. Ne contestez jamais avec ces sortes de gens ; fuyez-les comme la peste ; car il vous voudraient rendre impies (2) comme eux. Si vous en rencontrez qui traitent la religion avec un cœur simple et droit, édifiez-vous avec eux pour vous affermir dans ses principes et ses pratiques.

1. *Mystère* : chose cachée, secrète. Les mystères de la religion sont des vérités qui, sans être opposées à la raison, sont au-dessus de ce qu'elle peut découvrir ou comprendre. — 2. *Impie* : qui manque de religion et la méprise.

16e DICTÉE. — LE JEU.

Le jeu est une récréation et tout délassement honnête est permis. Il faut éviter deux choses dans le jeu, la passion et l'intérêt. Le jeu honnête a ses bornes, mais la passion n'en connaît point. Le jeu est un amusement et la passion en fait un travail. Le jeu doit reposer notre esprit des occupations sérieuses, et le rendre plus propre à les reprendre; la passion du jeu dégoûte des devoirs et les fait négliger. L'intérêt du jeu a de plus grands dangers encore que la passion. On joue pour le gain et non pour le plaisir, et alors c'est un trafic illégitime. Le désir de gagner rend bien des joueurs peu délicats sous le rapport de la probité (1) et de la droiture (2) et souvent les fait devenir fripons (3).

1. *Probité* : fidélité à observer les règles de la justice et de la morale. — 2. *Droiture* : franchise, intention pure dans l'accomplissement de ses devoirs. — 3. *Fripon* : trompeur, sans bonne foi, voleur adroit.

17e DICTÉE. — L'AFRIQUE.

L'Afrique, malgré son voisinage de l'Europe, est

la moins bien connue des cinq parties du monde. La plupart des voyageurs qui ont poussé leurs découvertes dans l'intérieur de ses immenses déserts, ont péri, victimes de leur hardiesse et de leur dévouement (1). On dirait que cette vaste péninsule est destinée à vivre isolée des autres contrées. Ses côtes presque sans coupures et sans golfes, en rendent l'abordage difficile. L'intérieur, privé de mers, entrecoupé de déserts arides et brûlants où les sables roulent, se déploient, se soulèvent comme les vagues (2) de l'Océan, y rend les communications pénibles et périlleuses. Cependant, à des distances immenses, on trouve des terres charmantes, appelées oasis, qui se parent de verdure et qu'arrosent de petits ruisseaux argentés et limpides : doux et admirable soin de la nature.

1. *Dévouement* : sacrifice de soi-même pour la gloire de Dieu ou pour le bien du prochain. — 2. *Vague* : eau agitée par les vents à la surface de la mer.

18e DICTÉE. — JOSEPH EXPLIQUE LES SONGES.

Parmi les prisonniers, compagnons d'infortune de Joseph, se trouvaient l'échanson(1) et le panetier (2) du roi Pharaon. Chacun d'eux eut, dans la même nuit, un songe différent : L'échanson avait vu un cep de vigne, duquel étaient sorties trois branches, et sur ces branches s'étaient peu à peu montrés des boutons, puis des fleurs, enfin des raisins mûrs. Or, ces raisins, il lui avait semblé qu'il les pressait dans la coupe royale, pour la présenter ensuite au roi. « Dans trois jours, lui dit Joseph, le roi te rendra ta place et ton rang. Souviens-toi de moi, quand tu seras heureux. » Le panetier, dans son rêve, avait cru porter trois corbeilles sur sa tête; dans la plus haute, il y avait toutes sortes de pâtes, et les oiseaux du ciel en mangeaient. « Dans trois jours, dit tristement Joseph, le roi Pharaon te fera trancher la tête, puis mettre en croix, et les oiseaux du ciel se nourriront de ta chair (4). » L'évènement confirma ces prédictions; mais l'échanson, rendu à la liberté, ne se souvint que plus tard de celui qui les lui avait faites.

1. *Echanson*: celui qui est chargé de donner à boire à un prince. — 2. *Panetier*: officier chargé de distribuer le pain chez les rois. — 3. Les homonymes de *trois* sont *troie* et *troyes*. — 4. Les homonymes de *chair* sont *chaire*, *cher* et *chère*.

19e DICTÉE. — La Pluie.

Le printemps est la saison des pluies bienfaisantes. L'abondance des récoltes dépend principalement de l'humidité que les pluies procurent à la terre. Si l'arrosement des prairies et des champs était abandonné aux soins des hommes, ils ne pourraient suffire à cette tâche, et la sécheresse et la famine désoleraient bientôt la terre. Il était donc nécessaire que les vapeurs fussent renfermées dans les mers; qu'à l'aide des vents, elles fussent portées de toutes parts, et qu'elles descendissent en gouttelettes sur nos campagnes pour vivifier les arbres et les plantes. Si les pluies fertilisent les côteaux et les vallons, elles ne tombent pas non plus inutilement sur les montagnes. Là, elles forment des réservoirs d'eau qui alimentent les ruisseaux et les rivières. La pluie, quand elle est modérée, contribue toujours à la fécondité de la terre et à l'accroissement des plantes; mais elle peut devenir nuisible aux végétaux, lorsqu'elle tombe avec trop (1) de force, ou qu'elle continue trop longtemps.

1. L'homonyme de *trop* est *trot.*

20e DICTÉE. — La Neige.

La neige est une bruine (1) dont le froid a condensé (2) les gouttelettes. Dans nos climats, la neige tombe le plus souvent en flocons assez gros; cependant elle est quelquefois très-fine. A ne consulter que les apparences, on dirait que la neige ne peut être fort utile à la terre. Mais l'expérience (3) nous apprend que pour garantir le blé, les plantes et les arbres de la dangereuse influence du froid, la nature ne pouvait leur donner un meilleur abri que la neige. Dieu a voulu que la pluie qui, pendant l'été rafraîchit et ranime les végétaux, tombe, en hiver, sous la forme d'une laine douce qui leur sert de couverture, et les défende des injures de la gelée et des vents.

1. *Bruine*: pluie fine et froide qui tombe lentement. — 2. *Condenser*: resserrer dans un moindre espace. — 3. *Expérience:* connaissance acquise par l'observation et la pratique.

21e DICTÉE. — Le Moineau.

(Recopier la dictée sous ce titre: Les Moineaux.)

Le moineau est un de nos oiseaux les plus familiers. Il vole constamment autour de nos habitations, et s'absente rarement de nos jardins et de nos vergers. D'une légèreté et d'une adresse admirables (1), il ne se laisse pas prendre aisément. Dans son état naturel, il n'a pas de chant, mais lorsqu'on le prend jeune (2), on peut lui apprendre quelques airs. Les fermiers se plaignent beaucoup du pillage de ces oiseaux; cependant la guerre (3) destructive qu'ils font constamment aux chenilles et aux insectes ailés, compense bien leurs dégats. Les moineaux nichent ordinairement sous les toits ou dans les creux des arbres, leur nid est construit de foin ou de paille et garni de plumes. Il est placé de manière à n'être atteint ni par le soleil ni par la pluie.

1. Pourquoi une *s* à *admirables*? — 2. L'homonyme de *jeune* est *jeûne*. — 3. L'homonyme de *guerre* est *guères* ou *guère*.

22e DICTÉE. — L'HIRONDELLE.

(Recopier la dictée sous ce titre : LES HIRONDELLES.)

L'hirondelle a un plumage presque entièrement noir. Elle a un gazouillement doux et agréable. Son vol est d'une rapidité étonnante. Elle mange, boit, se baigne et quelquefois donne à manger à ses petits en volant. Dès que le printemps commence à paraître, on la voit arriver. Les hirondelles construisent leurs nids à l'angle des fenêtres ou sur le haut des cheminées. Lorsqu'un nid est endommagé, bientôt on accourt de toutes parts; une multitude de becs apportent des matériaux et l'ouvrage est fait en un instant. Les hirondelles nous rendent un grand service en détruisant de nombreux essaims d'insectes incommodes et ravageurs. Elles nous quittent vers la fin de septembre pour revenir au printemps suivant.

23e DICTÉE. — Le Boudeur (conte).

Edouard avait le défaut de faire la mine dès qu'il se croyait tant soit peu offensé par quelqu'un. Il boudait quelquefois plusieurs jours de suite, ne parlant à personne et ne répondant pas aux questions qui lui étaient faites. Son père, homme sage, était désolé de ce vilain défaut de son fils. Il avait inutilement employé pour le corriger, les exhortations et les châtiments, lorsqu'il s'avisa de recommander à tous les gens de sa maison de bouder aussi son fils toutes les fois que celui-ci bouderait lui-même. Cet expédient (1) confondit Edouard, et il se corrigea de son défaut. L'enfant boudeur se rend ridicule et insupportable dans la société.

1. *Expédient* : moyen de se tirer d'affaire.

24e DICTÉE. — L'Enfant mal élevé (conte).

(Recopier la dictée en employant le PRÉSENT au lieu du PASSÉ.)

Emile avait des parents honnêtes et fortunés. Comme il était fils unique, on allait au-devant de ses moindres désirs. En bon fils, il eut dû se montrer reconnaissant de tant de bonté ; il eut dû s'efforcer de payer de retour ses parents par beaucoup de respect et de soumission et par une grande fidélité à tous ses devoirs, Mais il en fut tout autrement, Emile était toujours mécontent, sans cesse il murmurait et se plaignait. Si on lui donnait un habit, il était ou trop large, ou trop long, ou trop étroit. Les mets des repas n'étaient jamais de son goût. Quand le temps était beau, la chaleur l'incommodait; quand il était mauvais, il se récriait contre la pluie. Les heures de classe étaient trop longues, les devoirs trop difficiles, en un mot, rien n'était à sa guise : c'est-à-dire qu'Emile était malheureux et rendait malheureux tous ceux qui l'entouraient. Il devint (deviendra) un être misérable et méprisable.

25e DICTÉE. — L'HISTOIRE.

L'histoire est un vaste tableau qui nous rend présents les personnes, les actions et les temps passés (1). Elle nous fait contemporains (2) de tous les hommes, habitants de toutes les régions, témoins et juges de tous les événements. Un livre à la main, nous communiquons avec les vivants, nous conversons avec les morts. Leurs vérités et leurs erreurs, leur sagesse et leur folie, leurs vertus et leurs vices nous instruisent également. On voit passer avec rapidité sous les yeux, les siècles, les générations, les empires. Rien n'est plus digne de l'homme que cette étude. Sans négliger l'histoire générale, il faut pourtant avoir une prédilection pour l'histoire sainte et pour celle de la patrie. L'une nourrit la foi et la religion, l'autre réchauffe le patriotisme.

1. Pourquoi *passés* au masculin pluriel? — 2. *Contemporain* : du même temps.

26e DICTÉE. — LA GÉOGRAPHIE.

Les deux grands yeux de l'histoire sont la géographie et la chronologie (1). La première est la connaissance des lieux où se sont passés les faits historiques. Sans cette science l'histoire, n'a pas le même intérêt. En la lisant, on s'enfonce dans un chaos (2) d'où l'on ne sort pas. En voyant le nom d'une ville, d'une province, d'un royaume, on ne sait pas si c'est près ou à mille lieues de nos foyers. On place un peuple dans la partie du monde opposée à celle qu'il habite. On le fait frissonner sous le vent glacial du nord, tandis qu'il brûle sous le soleil ardent du midi. La géographie seule peut redresser ces idées et nous guider. Elle fait plus, elle aide la mémoire : les lieux rappellent les faits, et les faits rappellent les lieux.

1. *Chronologie* : connaissance des dates — 2. *Chaos* : confusion des choses.

27e DICTÉE. — Bonheur de l'Enfant vertueux.

Heureux celui qui cultive la vertu dès l'âge le plus tendre. Il passera sa jeunesse sans agitation, l'âge mûr sans inquiétude et la vieillesse sans regret. Il jouira d'un repos inconnu à la plupart des hommes qui ignorent en quoi consiste la véritable tranquillité de l'âme, le solide contentement du cœur. Il n'estimera les biens d'ici-bas qu'autant qu'ils le méritent, eu égard à leur peu de durée. Tous ses désirs tendront vers les biens à venir qui ne sont sujets à aucun changement. Il ne se repentira pas du passé, parce qu'il en aura employé tous les moments avec sagesse. Il n'appréhendera pas l'avenir qui doit le mettre en possession du souverain bonheur. Dès cette vie, il est rempli de la joie la plus pure, même dans l'adversité, bien convaincu que les maux qu'il endure avec une résignation chrétienne sont pour lui un gage de félicité éternelle.

28e DICTÉE. — Job.

(Recopier la dictée en mettant le PRÉSENT à la place du PASSÉ.)

Tandis que les enfants de Job étaient réunis dans un festin, on vint lui dire qu'une troupe de Sobéens lui avaient enlevé ses bœufs, que le feu du ciel avait consumé ses bergers, que ses chameaux étaient tombés au pouvoir d'une bande de Chaldéens, et enfin que la maison où ses enfants étaient réunis, les avait écrasés en s'écroulant. Alors, Job se leva, déchira ses vêtements, se rasa la tête en signe de deuil, et, se prosternant à terre, s'écria : « Dieu m'avait donné tous ses biens, Dieu me les a ôtés ; que son saint nom soit béni ! » Il ne lui restait plus que la santé. Dieu permit à Satan de l'en priver, et aussitôt tout le corps de Job fut couvert d'un ulcère hideux. Etendu sur du fumier, il supportait son mal avec une admirable résignation. Sa femme essaya de lui arracher quelques paroles de malédiction ; mais Job lui rappela que les maux, comme les biens, viennent de Dieu, et qu'il faut se soumettre à sa sainte volonté.

29e DICTÉE. — Les Abeilles.

Parmi les insectes, les abeilles occupent le premier rang (1). Elles ont un juste droit à notre admiration et à notre reconnaissance. Elles composent la cire (2) et le miel : le miel le plus doux et le plus salubre des sucs, la cire, qu'on emploie à un grand nombre d'usages. Les abeilles travaillent avec constance, elles exécutent des ouvrages admirables et forment des républiques bien policées. Le temps du travail et du repos est réglé. Pendant le jour, les portes de la ruche sont gardées comme celles d'un camp (3); la nuit tout se repose jusqu'au matin. Alors, une d'entre elles avertit les autres par un ou deux bourdonnements, c'est le signal du travail. Aussitôt toutes s'envolent à la fois (4), si le jour doit être serein; dans le cas contraire, elles se tiennent dans la ruche; car elles savent pressentir les orages et les vents.

1. L'homonyme de *rang* est *rends*. — 2. L'homonyme de *cire* est *sire*. — 3. Les homonymes de *camp* sont *quand, quant, qu'en, Kan*. — 4. Les homonymes de *fois* sont *foi, foie, fouet*.

30e DICTÉE. — La Conscience.

L'homme a toujours deux témoins et deux juges dans ses actions : Dieu et la conscience. La conscience, compagne inséparable, poursuit partout, dans le tumulte de la société comme dans le calme de la solitude; la nuit comme le jour. Mentor (1) infatigable avant le crime, elle cherche à en détourner en disant : *Ceci est mal*. Témoin clairvoyant pendant le crime, elle en trouble le plaisir, en empoisonne la douceur, en criant sans cesse : *Tu fais mal*. Correcteur inflexible après le crime; elle remplit de terreur, de regrets et de remords le cœur coupable. Elle se change en bourreau pour tourmenter, pour déchirer l'âme criminelle. Rémunératrice de la vertu, elle inonde de douceur, de paix et de bonheur l'âme fidèle.

1. *Mentor* : conseiller, guide.

31e DICTÉE. — L'Alouette.

L'alouette est le musicien des champs; son joli ramage est l'hymne d'allégresse qui devance le printemps et accompagne le premier sourire de l'aurore. On l'entend dès les beaux jours qui succèdent aux jours froids et sombres de l'hiver, et ses accents sont les premiers qui frappent l'oreille du cultivateur vigilant. Cette voix si pure et si mélodieuse s'embellit encore dans l'esclavage. Si on la prend jeune et qu'on l'élève avec soin, l'alouette devient un des oiseaux les plus admirables, moins peut-être par la beauté de ses accents que par sa prodigieuse mémoire qui lui permet de retenir ceux des autres oiseaux et tous les airs qu'on veut lui faire apprendre. La cage dans laquelle on l'élève doit être recouverte de toile par le haut, pour qu'elle ne s'assomme pas en s'élevant instinctivement, et d'une épaisse couche de sable par le bas pour qu'elle puisse s'y rouler.

32e DICTÉE. — L'Éléphant.

(Recopier la dictée sous ce titre : Les Éléphants.)

L'éléphant est le plus grand des animaux qui vivent sur la terre. Sa force est prodigieuse, mais son naturel est très-doux et il se laisse aisément gouverner par la voix de l'homme. Il porte sur le museau une grande masse de chair qu'on appelle trompe. Il s'en sert pour prendre sa nourriture et la porter à sa gueule. Autrefois, c'était l'usage d'employer l'éléphant dans les batailles. Cet animal portait sur son dos de petites tours de bois remplies de soldats, qui, de cette hauteur, lançaient au loin des traits et des javelots. Quand le combat s'animait, l'éléphant, harcelé par l'ennemi, entrait en fureur, enfonçait les rangs et écrasait sous ses pieds tous ceux qui osaient lui disputer le passage. Les dents d'éléphant, qui sont énormes, fournissent l'ivoire dont on fait les peignes et autres ustensiles.

33e DICTÉE. — Les Papillons.

Il y a deux sortes de papillons. Les ailes des uns sont relevées, celles des autres abaissées. Les premiers volent pendant le jour, les derniers volent ordinairement pendant la nuit. Rien n'est plus varié que les couleurs dont sont ornés ces petits êtres volants (1). Celles des papillons de nuit sont douces et agréables, mais communément peu éclatantes. Les papillons de jour ont des couleurs généralement plus vives. Dans les uns, elles sont simples et unies; dans d'autres elles sont variées et artistement mélangées. On est surtout frappé de la beauté des plus grands. Il semble que la nature se soit fait un plaisir de leur départir ce qu'elle a de plus brillant: on trouve sur leurs ailes l'éclat de la nacre, les yeux de la queue du paon (2), mille ornements divers et de magnifiques franges le long des bords de chaque aile.

1. Les ailes des papillons sont couvertes d'écailles fines comme de la poussière. Le papillon est le symbole de l'étourderie, de la légèreté et de l'inconstance. — 2. *Paon :* oiseau originaire de l'Asie, remarquable par la beauté de son plumage.

34ᵉ DICTÉE. — Les Fourmis.

Les fourmis forment un petit peuple qui a, pour ainsi dire, son gouvernement, ses lois et sa police. Elles habitent une espèce de petite ville qu'elles construisent elles-mêmes. Leur diligence à se procurer les matériaux à cet effet, et leur industrie à les mettre en œuvre, sont (1) admirables. Elles se réunissent pour creuser la terre et la charrier ensuite dehors, puis elles y transportent une grande quantité de brins d'herbe, de paille et de bois, dont elles forment un tas informe en apparence, mais qui cache à l'intérieur un art admirable. Sous ce dôme qui couvre les fourmis et dont la forme et l'arrangement facilitent (2) l'écoulement des eaux du ciel, on trouve des étages, des galeries qu'on peut regarder comme les maisons et les rues de la petite ville.

1. Pourquoi *sont* et *admirables* au pluriel ? — 2. Pourquoi *facilitent* au pluriel ?

35ᵉ DICTÉE. — Le Cheval.

(Recopier la dictée sous ce titre : Les Chevaux.)

De tous les animaux domestiques, le cheval est celui qui rend le plus de service à l'homme. Il laboure la terre transporte des fardeaux et se soumet avec docilité à toutes sortes de travaux. Il partage avec l'homme, les plaisirs de la chasse et les dangers de la guerre. Il se livre sans réserve à son maître et le sert de toutes ses forces. De tous les animaux, il est celui qui, avec une grande taille, a le plus de proportions dans les parties de son corps. Tout en lui est élégant et régulier. Sa tête, si agréablement située, lui donne un air vif et léger que relève (1) encore la beauté de son encolure. Son maintien est noble, sa démarche majestueuse et tous ses membres semblent annoncer du feu, de la force, le courage et la fierté.

1. Quel est le sujet de *relève?* Rétablissez la construction directe du sujet.

36e DICTÉE. — L'ANE.

(Recopier la dictée sous ce titre : LES ANES.)

Quelque peu avantageux que soit l'extérieur de l'âne, il ne laisse pas d'avoir d'excellentes qualités et d'être très-utile. Il n'est pas ardent, impétueux comme le cheval, mais il est tranquille, simple et toujours égal. Sa contenance est douce et modeste. Il n'a aucune fierté, il va son chemin sans broncher, il porte sa charge sans bruit et sans murmure. Sobre, il se contente de chardons et des herbes les plus dures. Il est patient et résiste à la fatigue. Il rend les plus grands services aux pauvres et à un grand nombre d'habitants, et devient ainsi un des plus utiles présents que Dieu ait faits à l'homme.

37e DICTÉE. — LE CHAT.

La forme extérieure du chat est en général jolie et agréable, ses proportions sont bien prises et sa physionomie exprime un air de finesse. Mais, entre-t-il en fureur, cette mine si douce, si fine, se change tout-à-coup. Son museau s'ouvre, ses yeux s'enflamment, ils étincellent, son poil se hérisse, toute sa physionomie n'offre qu'un air féroce et furieux. Ses cris deviennent effrayants et ses mouvements rapides, ses griffes sortent de leurs gaines, et il est prêt à tout déchirer. Alors rien ne l'épouvante. Il s'élance, se jette sur des animaux bien plus forts que lui; il les mord ou les déchire à coups de griffes, et, non moins leste que hardi, à peine a-t-il frappé, qu'il s'échappe et évite les atteintes de son ennemi.

38e DICTÉE. — Avis de Tobie a son fils.

Mon fils, écoutez les paroles de ma bouche, et mettez-les dans votre cœur comme un solide fondement. Ayez Dieu présent à l'esprit tous les jours de votre vie et gardez-vous bien de consentir jamais à aucun péché, et de violer les commandements du Seigneur notre Dieu. Faites l'aumône de votre bien et ne détournez pas vos yeux d'aucun pauvre; car, de cette sorte, le Seigneur ne détournera pas non plus les yeux de dessus vous. Exercez la miséricorde en la manière que vous le pourrez. Si vous avez beaucoup de bien, donnez beaucoup; si vous en avez peu, donnez de ce peu que vous avez. Par là, vous amasserez un riche trésor et une grande récompense pour le jour de la nécessité... Ne souffrez jamais que l'orgueil domine, ou dans vos pensées, ou dans vos paroles; car c'est de l'orgueil que tous les maux ont pris naissance. Demandez toujours conseil à un homme sage. Bénissez Dieu en tout temps, demandez-lui qu'il conduise vos voies et ne comptez que sur lui dans toutes vos entreprises.

39e DICTÉE. — PROVERBES DE SALOMON.

La crainte du Seigneur est le commencement de la sagesse, et la science des saints est la vraie prudence. Un enfant qui est sage est la joie de son père ; l'enfant insensé est la tristesse de sa mère. Celui qui est vraiment sage, reçoit volontiers les avis qu'on lui donne; l'insensé, au contraire, s'offense de ce qu'on lui dit. Celui qui profite des avis et des corrections, est dans le chemin de la vie; mais celui qui néglige les réprimandes, s'égare. Où sera l'orgueil, là aussi sera la confusion ; mais où est l'humilité, là est pareillement la sagesse. La langue qui profère le mensonge est en abomination au Seigneur; mais ceux qui agissent avec sincérité, lui sont agréables.

40e DICTÉE. — DIEU VOIT ET PUNIT LES PÉCHÉS LES PLUS SECRETS.

L'esprit de la sagesse est plein de bonté, et il ne laissera pas impunies les paroles du médisant, parce que Dieu sonde ses reins, qu'il pénètre le fond de son cœur et qu'il entend les paroles de sa langue; car l'Esprit du Seigneur remplit l'univers, et, comme il contient tout, il connaît aussi tout ce qui se dit. C'est pourquoi, celui qui profère des paroles d'iniquité ne peut se cacher de lui, et il n'échappera point au jugement qui doit tout punir. L'impie sera examiné sur ses pensées, et ses discours iront jusqu'à Dieu, qui les entendra pour les punir de leurs iniquités; car l'oreille jalouse de Dieu entend tout, et le bruit des murmures ne lui sera point caché.

41ᵉ DICTÉE. — Le Lion.

Le lion, par sa majesté, sa fierté, sa force, son agilité, a mérité le titre de roi des animaux. Il a la tête grosse et charnue, le nez large et ouvert, le front carré et comme sillonné de profondes rides, surtout lorsqu'il est en fureur, les yeux perçants et pleins de feu, les sourcils très-épais; sa langue, grande et rude, est parsemée de quantité de pointes aussi dures que de la corne. Une longue crinière ombrage sa tête et son cou. Il a les jambes courtes, osseuses et très-souples, les pieds gros et larges. La démarche ordinaire du lion est fière, grave et lente; sa course ne se fait pas par des mouvements égaux, mais par sauts et par bonds. Non-seulement le lion s'irrite des mauvais traitements, mais il en garde le souvenir, et parait en méditer la vengeance, comme il conserve la mémoire et la reconnaissance des bienfaits. Le rugissement du lion a un tel éclat que lorsque dans la nuit il résonne au milieu des montages, il ressemble à un tonnerre qui gronde dans le lointain.

42ᵉ DICTÉE. — Aimer la Justice et la Vérité. Libéralité.

Mon fils, ménagez le temps et évitez le mal. Ne rougissez point de dire la vérité, quand même il s'agirait de votre vie ; car il y a une sorte de honte qui fait tomber dans le péché, et il y en a une autre qui attire la gloire et la grâce. Gardez-vous de contre-dire en aucune sorte la vérité, et ayez confusion du mensonge où vous êtes tombé par ignorance. Ne rougissez point d'avouer vos fautes. Prenez la défense de la justice pour sauver votre âme, combattez jusqu'à la mort pour la justice, et Dieu combattra pour vous et renversera vos ennemis. Ne soyez point prompt à parler, lâche et négligent à agir. N'ayez point la main ouverte pour recevoir et fermée pour donner. (Ecclésiastique).

43e DICTÉE. — L'AGRICULTURE.

L'agriculture est l'art de cultiver la terre et de la faire fructifier. Il faut que le laboureur puisse juger au premier coup-d'œil, par l'exposition et la couleur des terres, qu'elle en est la propriété. Il faut qu'il sache comment la terre doit être préparée, qu'il entende bien la culture et les règles à observer pour donner les labours nécessaires, pour semer à propos ; qu'il connaisse les qualités du bon blé et des autres grains. Il est nécessaire encore que l'agriculteur soit versé dans ce qui regarde le soin de la vigne, des prairies et des bois ; qu'il s'entende à la plantation et à la taille des arbres ; qu'il sache ce qui intéresse les bestiaux ; qu'il connaisse leur nourriture propre, les maladies auxquelles ils sont sujets et les remèdes pour les guérir. Il est également indispensable qu'il connaisse les instruments aratoires.

44e DICTÉE. — L'AIR.

L'air, qui environne la terre de toutes parts, est un fluide à peu près semblable à l'eau, mais dont les parties sont beaucoup plus subtiles et plus légères. On nomme atmosphère tout ce volume d'air qui s'étend autour de la terre jusqu'à quinze lieues environ. L'air est plus léger à mesure qu'on s'élève. De là vient la difficulté de vivre sur les hautes montagnes, parce que l'air qu'on y respire est plus subtil que celui de la plaine et de la vallée.

45e DICTÉE. — CONFIANCE EN LA PROVIDENCE.

Jésus-Christ nous recommande la confiance en Dieu en ces termes : « Ne vous inquiétez point où vous trouverez de quoi manger, ni d'où vous aurez des vêtements pour couvrir votre corps. Considérez les oiseaux du ciel, ils ne sèment point, ils ne moissonnent point, ils n'amassent rien dans des greniers, mais votre Père céleste les nourrit. Ne vallez-vous pas beaucoup mieux qu'eux. Comment donc craignez-vous que Dieu vous refuse des-choses qu'il donne si libéralement à ces animaux. La vie est plus que la nourriture, et le corps, plus que le vêtement. Ainsi, puisque Dieu vous a donné l'un et l'autre, il ne refusera pas ce qui est nécessaire pour les entretenir. »

46e DICTÉE. — LE NIL.

Otez le Nil à l'Egypte, vous lui ôtez la prospérité et la vie, car, sans le fleuve qui l'arrose, ce pays n'aurait au nord, qu'une pleine de sable et au midi, qu'une vallée de rocher. C'est le Nil, qui, déposant tous les ans sur le sol une couche de limon, féconde cette terre stérile ; c'est le Nil qui couvre ses campagnes de verdure, donne à ses habitants des grains et des fruits, et leur fournit leur boisson ; c'est ce fleuve qui, par la fraîcheur de ses eaux, tempère les ardeurs brûlantes de l'atmosphère; c'est lui enfin qui fertilise le pays, le conserve, l'augmente et le défend contre l'envahissement des sables.

47e DICTÉE. — L'AUTRUCHE.

L'autruche (1) s'apprivoise aisément. En Afrique, dans les environs du Cap, on en voit, non-seulement dans les ménageries, mais encore chez les simples paysans. Ces oiseaux deviennent si familiers, qu'ils entrent et sortent librement, vont chercher leur pâture dans la campagne et ne manquent jamais de rentrer avant la nuit dans la maison de leur maître. Mais il n'est pas facile de les corriger de leur voracité; plus d'une fois, ils dévastent la basse-cour, et alors on est obligé de les tuer. Ils se laisse monter comme des chevaux, et le poids du cavalier ne les fait nullement chanceler. Il est raconté, par plusieurs voyageurs, que les autruches servent même au transport des fardeaux; mais le fait, quoique possible, aurait besoin d'être avéré.

1. L'Autruche est le plus grand de tous les oiseaux: sa taille dépasse deux mètres et un poids de 40 kilog. Ses plumes fournissent un ornement recherché et sont un important objet de commerce. Ses œufs pèsent un kilogramme et demi.

48e DICTÉE. — LE LAC ERIÉ.

Le lac Erié (1), dans l'Amérique septentrionale, passe pour le plus beau de l'univers. Son circuit est de deux cent trente lieues. Il présente de toutes parts des perspectives charmantes. Ses bords sont couverts de chênes, d'ormeaux, de châtaigniers, de pommiers, de pruniers et de très-belles vignes, qui portent leurs raisins jusqu'au sommet des arbres. On y voit une multitude de bêtes fauves, de bœufs sauvages de poules de l'Inde. Le côté sud présente des prairies admirables. Il est rempli d'esturgeons et de poissons blancs, mais les truites y sont rares. On n'y essuie les gros vents que dans le cours de décembre, de janvier et de février; ils ne sont même ni dangereux, ni fréquents. Les îles de ce lac sont autant de vergers où la nature semble s'être plu à rassembler toutes sortes d'herbes et de fruits.

1. Le lac Erié a 370 kilomètres sur 100.

49e DICTÉE. — Eau du Rocher.

Pendant la dernière année du séjour des Israélites dans le désert, le peuple se trouva en un endroit où il n'y avait point d'eau. Aussitôt les Israélites se soulevèrent contre Moïse et Aaron, et leur firent de grands reproches de ce qu'ils les avaient fait sortir de l'Egypte pour les amener dans ce désert où ils manquaient de tout. Moïse et Aaron, étant entrés dans le tabernacle, se jetèrent la face contre terre, et prièrent le Seigneur de faire cesser les murmures du peuple en lui donnant de l'eau. Alors Dieu dit à Moïse : « Prenez votre verge et rassemblez le peuple; vous et Aaron, votre frère, parlez au rocher devant eux, et il en sortira de l'eau dont tout le peuple boira. » Moïse prit sa verge, et, ayant assemblé le peuple devant le rocher, il leur dit : « Ecoutez, rebelles, pourrons-nous bien faire sortir de l'eau de ce rocher. En même temps, il leva la main et frappa deux fois le rocher avec sa verge et il en sortit de l'eau avec abondance.

50e DICTÉE. — SERPENT D'AIRAIN.

Les Israélites, ennuyés de la fatigue du chemin dans le désert, murmurèrent contre Dieu et contre Moïse : « Pourquoi, disaient-ils, nous avoir amenés dans ce désert pour nous y faire mourir. Le pain et l'eau nous manquent, nous n'avons qu'une chétive nourriture qui nous fait soulever le cœur. » C'est ainsi qu'ils parlaient de la manne. Dieu donc envoya contre eux des serpents qui les tuaient par leurs morsures brûlantes comme le feu. Alors, ils coururent à Moïse, et lui dirent : « Nous avons péché, parce que nous avons parlé contre le Seigneur et contre vous ; priez-le qu'il nous délivre de ces serpents. » Moïse pria pour eux, et Dieu lui dit : « Faites un serpent d'airain (1), et mettez-le au haut d'une pique. Quiconque étant blessé des serpents, le regardera, sera guéri. » Moïse fit un serpent d'airain et le mit au haut d'une pique, et tous ceux qui ayant été blessés, le regardaient, étaient guéris.

1. L'airain est un alliage de cuivre et d'étain. Le serpent d'airain était la figure de J.-C. en croix.

51e DICTÉE. — LE TIGRE.

Le tigre est le plus redoutable de tous les animaux, ni la force, ni la contrainte, ni la violence ne peuvent le dompter. Il s'irrite des bons comme des mauvais traitements. La douce habitude, qui peut tout, ne peut rien sur cette nature de fer. Le temps, loin de l'amollir en tempérant ses humeurs féroces, ne fait qu'aigrir le fiel de sa rage. Il déchire la main qui le nourrit comme celle qui le frappe. La force, l'agilité, la légèreté, la souplesse secondent son naturel féroce et carnassier. Cruel par instinct, méchant par caractère, furieux par habitude, toujours altéré de sang, cet animal destructeur, sans attendre le besoin, met en pièces, dévore tous les êtres animés qu'il peut apercevoir. Heureusement pour le reste de la nature, l'espèce n'en est pas nombreuse et paraît confinée aux climats chauds de l'Inde orientale.

52e DICTÉE. — Le Lièvre.

Les lièvres ne vivent pour ainsi dire que la nuit. C'est alors qu'il se promènent et qu'ils mangent. On les voit, au clair de la lune, jouer ensemble, sauter, courir les uns après les autres. Mais le moindre mouvement, le bruit d'une feuille qui tombe, suffit pour les troubler; alors ils fuient chacun d'un côté différent. Ces animaux dorment beaucoup et ils dorment les yeux ouverts. Leurs paupières sont dégarnies de cils, et ils paraissent avoir la vue assez faible; mais ils ont, en retour, l'ouïe très-fine et l'oreille d'une grandeur prodigieuse relativement à celle du corps. Ils marchent sans faire aucun bruit, parce qu'ils ont les pieds garnis de poils, même par dessous, et leur course est si rapide qu'ils devancent aisément les autres animaux. Le lièvre ne manque pas d'instinct pour sa conservation, ni de sagacité pour échapper à ses ennemis.

53e DICTÉE. — Le Printemps image de la Résurrection.

La plupart des fleurs que nous admirons, n'étaient, il y a peu de mois, que des racines informes et grossières ; à présent elles sont la parure de la terre et le charme des yeux. Quelle touchante image de la résurrection des justes et de leurs corps vivifiés ! De même que les racines des fleurs les plus agréables, encore ensevelies dans la terre, sont informes et sans agrément, et se revêtent de mille attraits divers lorsqu'elles fleurissent de nouveau ; de même le corps humain, qui, dans le sein du tombeau n'est qu'un objet d'horreur, éprouvera la plus étonnante révolution au jour des récompenses. Au printemps, toute la nature semble sortir du sommeil pour exalter son auteur : les doux accents des habitants de l'air se réunissent comme pour louer de concert Celui qui les a créés. De plus nobles chants se feront entendre au jour de la résurrection ; dans ce monde nouveau, les élus de Dieu, qu'il aura régénérés, le chanteront éternellement.

54e DICTÉE. — L'Été.

L'été a des agréments inexprimables, et il nous offre journellement des preuves de l'infinie bonté du Créateur. C'est la saison où Dieu verse avec plus d'abondance sur toutes les créatures le trésor de ses bénédictions. Sous nos yeux croissent, dans les champs et les jardins, une quantité innombrable de fruits. Les fleurs nous font voir la plus agréable diversité.

L'oreille est ravie par les joyeux accents des chantres de l'air. Quel intéressant spectacle présentent à nos regards les champs couronnés de fleurs et d'épis! La joie qui brille dans les yeux du moissonneur, semble être l'expression de la reconnaissance envers Dieu. C'est lui qui fait sortir le pain de la terre, et qui nous comble de biens. Amis, faisons éclater notre gratitude et que les louanges du souverain bienfaiteur soient le sujet de nos chants.

55e DICTÉE. — L'Automne.

En automne, nous sentons que chaque jour la chaleur diminue. Le soleil jette sur nos demeures des regards affaiblis. Cette terre, si belle et si féconde, devient de jour en jour indigente, triste et stérile. Nous ne verrons de longtemps ce bel émail des arbres fleuris, ni les charmes du printemps, ni la magnificence de l'été. Les arbres viennent de perdre leur dernière parure. Les pins, les ormes et les chênes plient sous l'effort de l'aquilon. Dépouillée de ses richesses, la terre ne montre de tous côtés qu'une surface inégale et raboteuse. Les oiseaux ne font plus entendre leurs chants mélodieux. Enfin, novembre amène les frimas. Chaque jour le froid prend de l'intensité et la neige tombe à gros flocons.

56e DICTÉE.—Les Guêpes et les Abeilles.

(Recopier la dictée en mettant le passé défini au lieu du présent, quand le sens le permet.)

Un jour, les guêpes, voyant les abeilles dans le calice des fleurs, s'approchent d'elles et les appellent leurs sœurs. Nous, vos sœurs! répondent les nobles et fiers insectes. Et depuis quand cette parenté entre notre race et la vôtre?—Mais, c'est depuis toute la vie répondent les guêpes en courroux. Considérez et voyez: nous avons des ailes tout comme vous, même taille, même corsage, et, s'il faut quelque chose de plus, nos dards et les vôtres sont ressemblants. —Il est vrai, nous avons une arme pareille, répliquent les abeilles, mais pour des emplois bien différents. La vôtre sert votre insolence, tandis que la nôtre repousse l'offense. Vous provoquez, et nous, nous nous défendons.

57e DICTÉE. —. Les deux Corbeaux et les deux Faucons.

(Recopier la dictée sous ce titre: Le Corbeau et le Faucon.)

Deux corbeaux vigoureux et dans la fleur de l'âge allaient par monts et par vaux chercher leur pain, tandis que dans le voisinage, se tenaient dans leur trou deux vieux corbeaux tout pelés, tout goutteux. Un jour, les premiers virent deux charitables faucons qui apportaient à manger aux deux centenaires. « Eh! quoi, se dirent-ils, nous, pauvres diables, en « travaillant beaucoup, nous avons à peine à gruger, « tandis que nos deux vieux frères, assurés de leur « table, font grande chère sans se bouger. Oh! oh! « puisque la Providence nous a donné des pour- « voyeurs, remettons-nous-en à leurs soins et désor- « mais attendons d'eux notre subsistance. » Les subtils raisonneurs agissent en conséquence et se tiennent en leur domicile clos et cois, jouissant de leur bon temps, en attendant de quoi se nourrir. L'appétit vient, mais les faucons n'arrivent pas. Nos paresseux s'en scandalisent, mais s'en tiennent là, tant qu'enfin ils meurent de langueur. *Fiez-vous à la Providence, mais ne la tentez pas.*

58e DICTÉE. — LES PETITS POISSONS ET LES PÊCHEURS.

(Recopier la dictée sous ce titre : LE PETIT POISSON ET LE PÊCHEUR.)

Des carpeaux, qui n'étaient encore que fretins, furent pris par des pêcheurs au bord d'une rivière. Tout fait nombre disent nos hommes en voyant leur butin. Voilà commencement de chère et de festin. Mettons-les en nos gibecières. Mais les pauvres carpillons leur dirent en leur manière : « Que ferez-« vous de nous? nous ne saurions fournir au plus « qu'une demie bouchée chacun. Laissez-nous deve-« nir carpes ; alors, nous serons repêchés par vous, et « quelque gros partisan nous achètera bien cher. Au « lieu qu'il vous en faut peut-être encore cent de « notre taille pour un plat, et quel plat ! croyez-nous, « rien qui vaille. » — « Rien qui vaille ! Eh bien ! « soit, repartirent les pêcheurs ; poissons, nos beaux « et bons amis, qui faites si bien les prêcheurs, vous « irez dans la poèle, et vous aurez beau dire et beau « faire, dès ce soir on vous fera frire. » *Le sage préfère le certain à l'incertain, et sait que les petits profits multipliés font les grands.*

59e DICTÉE. — LE PROCHAIN.

(Recopier la dictée en mettant le PRÉSENT au lieu du PASSÉ.)

Un homme, dit Jésus-Christ, allant de Jérusalem à Jéricho, tomba entre les mains des voleurs qui le dépouillèrent, et, après l'avoir blessé, le laissèrent à demi-mort. Un prêtre descendit par ce même chemin, vit cet homme et passa outre. Un lévite, qui vint là aussi, le regarda et passa de même. Mais un samaritain voyageur arriva près de cet homme, le vit dans cet état et se sentit touché de compassion : il versa de l'huile dans ses plaies, les essuya, les lui banda ; il le mit sur son cheval, le mena dans une hôtellerie et prit soin de lui. Le lendemain, il tira de l'argent de sa bourse, le donna à l'hôte et lui recommanda cet homme. Lequel vous semble le prochain du pauvre blessé ? — C'est celui qui prit compassion du pauvre blessé et qui l'assista. Allez et faites de même.

60e DICTÉE. — LE CORBEAU.

(Recopier la dictée sous ce titre : LES CORBEAUX.)

Savez-vous pourquoi le corbeau a un cri rude ? Non. — Eh bien ! écoutez son histoire. Aux premiers jours du monde, cet oiseau n'était pas plus beau que maintenant : air commun, bec grossier, robe noire ; mais, peu fait pour charmer les yeux, il avait reçu en partage un chant mélodieux. Heureux rival de Philomèle (1), il savait cadencer, filer un son comme elle. Un jour que, préludant à son chant matinal, il gazouillait, perché sur un hêtre ; près de là, une grenouille, de sa voix rauque, faisait dans son marais un vacarme infernal. A ce bruit, tous les chantres du voisinage se taisent. Le corbeau, quelque peu moqueur, en l'entendant, riait de bon cœur, puis il se mit à la contrefaire. Et, si bien et si souvent, il l'imita, que son vilain cri lui resta.

1. *Philomèle* : nom donné par les poètes au rossignol.

61e DICTÉE. — La Docilité.

La docilité, qui consiste à se laisser conduire, à bien recevoir les avis de ses maîtres et à les mettre en pratique, est proprement la vertu de tout écolier, comme celle de tout maître est de bien enseigner. L'une ne peut rien sans l'autre, et comme il ne suffit pas qu'un laboureur répande la semence dans les sillons, mais qu'il faut que la terre, après avoir ouvert son sein pour la recevoir, la couvre, pour ainsi dire, l'échauffe, l'entretienne et l'humecte ; de même tout le fruit de l'instruction dépend de la parfaite correspondance qui existe entre le maître et le disciple.

62e DICTÉE. — La Compassion.

Par un froid rigoureux, Jules et Robert s'en allaient au moulin, portant chacun un petit sac de blé. En passant devant la demeure du meunier, Jules aperçut des oiseaux que la faim pressait ; ému de compassion, il ouvre aussitôt son sac et leur jette quelques poignées de grains. Mais Robert l'en reprit, lui disant que la quantité de farine en serait diminuée et que ses parents le puniraient de cette faute : « Mes parents, reprit Jules, ne me blâmeront point d'avoir fait ce qu'un sentiment de compassion m'inspirait, et Dieu lui-même peut m'en récompenser. » Quelques jours après, on revint chercher la farine ; alors, le sac de Jules se trouva plus rempli que celui de Robert. On en était surpris. Le meunier arrivant, dit à Jules : « Ta pitié pour les oiseaux, mon ami, m'a fait tant de plaisir, que je n'ai pu m'empêcher de t'en récompenser au nom de Dieu, qui bénit toujours la bonté du cœur. »

63e DICTÉE. — Conseils.

Aimez Dieu de tout votre cœur, priez le avec ferveur et craignez ses jugements. Respectez et chérissez vos parents et soyez soumis à leur volonté. Aimez votre prochain comme vous-même ; soyez juste et sincère dans vos paroles et dans vos actions ; observez ce que la religion commande, et ne murmurez jamais contre les voies de la Providence. Ne remettez pas à demain ce que vous pouvez faire aujourd'hui. Ne dérangez personne pour une chose que vous pouvez faire vous-même. Soyez modérez dans le boire et le manger : on ne saurait jamais regretter d'avoir trop peu mangé. Aimez le travail et craignez la perte du temps. Soyez bons, sans le dire. Soyez propre et simple dans votre mise : le goût de la parure ne convient point à un jeune homme. Conservez votre âme dans la paix et la gaîté, vous rappelant qu'à chaque jour suffit son mal.

64e DICTÉE. — L'Aumône.

Un vieux jardinier, honnête homme et bon chrétien, faisait de son modeste profit deux parts, l'une pour l'entretien de sa famille, et l'autre pour le soulagement des pauvres. Quand il donnait une aumône, il disait gaîment : « C'est encore une pomme jetée par-dessus la haie. » Comme on lui demanda un jour ce qu'il entendait par là, il répondit : « J'appelai, il y a quelque temps, des enfants dans mon verger, leur permettant de manger des fruits à leur gré, mais avec la défense d'en mettre en poche. Un d'entre eux, fin matois, s'avisa de jeter des pommes de l'autre côté de la haie, pour les prendre en sortant. En le voyant, je me dis : « Il en arrive aux « hommes sur la terre, comme à ces enfants dans « mon jardin. Nous jouissons des biens de ce monde, « sans en pouvoir emporter aucun en mourant, et ce que nous donnons aux pauvres, nous le jetons *par-dessus la haie*, pour le retrouver dans l'éternité.»

65e DICTÉE. — Honorer Dieu.

Nous devons honorer Dieu. La meilleure manière de l'honorer c'est de lui offrir une âme pure et sans tache. Dieu n'a point, sur la terre, une demeure plus agréable qu'une âme innocente. Il n'est pas nécessaire, pour lui plaire, de lui ériger de magnifiques temples de pierres : chacun de nous doit lui faire, de son cœur, un temple où il habite par son esprit. La piété, la sainteté, voilà ce qui nous rend Dieu favorable. Celui qui apporte à son autel un cœur pur et chaste, lui est plus agréable que l'homme qui s'en approche avec des chants laborieusement composés. Adressez-lui votre prière quand vous irez vous coucher et quand le temps de vous lever sera venu, afin qu'il bénisse votre sommeil et votre travail. Tout peut plaire à Dieu avec la piété et rien sans la piété.

66e DICTÉE. — La Pluie.

La pluie a ses avantages et elle a aussi ses inconvénients. Elle humecte l'atmosphère, arrose et fertilise le sol, alimente la circulation des eaux, rafraîchit et nourrit la végétation et profite à l'homme de mille manières. Mais, outre les ennuis qu'elle nous cause ordinairement, elle nous dérobe la lumière du soleil, change la terre en un marais, noie la nature dans la tristesse et nous impose la gêne et le malaise. Elle tombe le jour comme la nuit, et il y a tant de mauvaises chances contre un ciel favorable, qu'on n'est jamais sûr que la pluie ne viendra pas interrompre un travail, empêcher un voyage, troubler une joie innocente.

67e DICTÉE. — La Propreté.

La propreté sur la personne et dans les vêtements est une des règles les plus certaines de l'hygiène; elle prévient une foule de maladies; elle entretient la fraîcheur et facilite le jeu de tous les organes; elle entretient aussi les idées de décence, les habitudes d'ordre; elle concourt à imposer le respect que l'homme se doit à lui-même; elle l'accoutume à la vigilance sur soi; elle commande la modération, l'attention, la retenue en beaucoup de choses; elle dispose au travail ; elle répand une certaine sérénité dans l'esprit ; elle offre l'image sensible de la pureté intérieure de l'innocence ; elle est aussi un égard pour les autres ; elle attire la bienveillance ; elle facilite le commerce de la vie ; enfin, elle est un lien de sociabilité.

68e DICTÉE. — LES PIGEONS.

(Recopier la dictée sous ce titre : LE PIGEON.)

Pour attirer, retenir et loger les pigeons, il faut des tours, des bâtiments élevés, faits exprès, bien enduits en dehors et garnis en dedans de nombreuses cellules. Ils ne sont ni réellement domestiques comme les chiens et les chevaux, ni prisonniers comme les poules ; ce sont plutôt des captifs volontaires, des hôtes fugitifs, qui ne se tiennent dans le logement qu'on leur offre qu'autant qu'ils s'y plaisent, qu'autant qu'ils y trouvent la nourriture abondante, le gîte agréable, et toutes les commodités, toutes les aisances nécessaires à la vie. Pour peu que quelque chose leur manque ou leur déplaise, ils quittent et se dispersent pour aller ailleurs.

69e DICTÉE. — LA FAUVETTE.

La fauvette est le plus grand musicien des bois ; elle nous annonce, par sa douce mélodie, le réveil de la nature et le retour des beaux jours. Les modulations de son chant, quoique peu étendues, sont agréables, flexibles et nuancées, et les sons légers et purs.

Vive, gaie, légère, presque volage, l'aimable fauvette ne semblerait pas susceptible d'un grand attachement, et pourtant elle est très-aimante; elle affectionne d'une manière touchante celui qui a soin d'elle; elle a, pour l'accueillir, un accent particulier. A son approche, sa voix devient plus affectueuse; elle s'élance vers lui contre les mailles de sa cage, comme pour s'efforcer de rompre cet obstacle et de le rejoindre, et, par un continuel battement d'ailes, accompagné de petits cris, elle semble exprimer l'empressement de sa reconnaissance.

70e DICTÉE. — Le Cygne.

Les grâces de la figure, la beauté de la forme, répondent dans le cygne à la douceur du naturel; il plaît à tous les yeux; il décore, embellit tous les lieux qu'il fréquente; on l'aime, on l'applaudit, on l'admire. Nulle espèce ne le mérite mieux; la nature en effet n'a répandu sur aucune autant de ces grâces nobles et douces qui nous rappellent l'idée de ses plus charmants ouvrages: coupe de corps élégante, formes arrondies, gracieux contours, blancheur éclatante et pure, mouvements flexibles et ressentis. A sa noble aisance, à la facilité, la liberté de ses mouvements sur l'eau, on doit le reconnaître, non-seulement comme le premier des navigateurs ailés, mais comme le plus beau modèle que la nature nous ait offert pour l'art de la navigation. Son cou élevé, et sa poitrine relevée et arrondie semblent en effet figurer la proue du navire fendant l'onde; son large estomac en représente la carène; son corps penché en avant pour cingler, se redresse à l'arrière et se relève en poupe; la queue est un vrai gouvernail ; les pieds sont de larges rames, et ses grandes ailes, demi-ouvertes au vent et doucement enflées, sont les voiles qui poussent le vaisseau vivant, navire et pilote à la fois.

71e DICTÉE. — L'ALSACE.

Connaissez-vous l'Alsace ? Je la connais, moi : oh ! c'est un beau pays. Le fer dort dans ses montagnes ; les collines se cachent sous les vignes ; le blé ondoie dans les pleines ; le Rhin bondit sur ses flancs ; des flèches gothiques s'élancent des bourgades et des villes vers le ciel ; des hommes forts marchent sous ces obélisques chrétiens, et portent sur leur front la trace de leur origine. Oui, c'est un beau pays que l'Alsace ! Aussi, quand je l'aborde et que, du sommet des Vosges, cette noble vallée se déroule avec les suaves ondulations de ses collines ; avec ses convois qui viennent et qui fuient comme le vent en grondant sur le fer ; avec ses routes qui se croisent de mille façons ; que le Rhin brille argenté sous les feux du soleil ; que la chaine de la Forêt-Noire se montre à l'horizon lointain, et qu'au centre de cet immense jardin, s'élève, comme un phare gigantesque, la cathédrale majestueuse, la pyramide aérienne, le joyau du moyen-âge, l'orgueil de nos jours ; alors je crois revenir d'un long exil dans la Terre-Promise, et je salue, avec un orgueil toujours nouveau, l'Alsace, ma patrie.

72e DICTÉE. — LA RELIGION.

La religion se place au milieu de la société pour

en rapprocher toutes les parties. Elle établit entre les divers rangs de la société une communication de bienfaits et de services ; elle députe vers l'affligé des consolateurs ; elle place des appuis autour de l'orphelin et de la veuve. Parcourez ces nombreux établissements qui remplissent les villes et se répandent jusque dans les campagnes, c'est à la religion que la société les doit. Elle pénètre sous l'humble toit du malade, et va porter les soulagements et les remèdes ; elle prend, sous son autorité, l'enfance, et lui enseigne les éléments des sciences et les fondements des devoirs ; elle descend jusque sous ces voûtes où se trouvent ceux que le glaive de la loi a frappés ; elle étend sa main bienfaisante même sur le criminel et l'invite au repentir en lui prodiguant ses services. Lorsque tout l'abandonne, elle seule lui reste ; quand la société le rejette, elle l'appelle dans son sein ; elle le suit jusque sur l'échafaud, et, sous la main vengeresse qui punit ses forfaits, elle le soutient encore par ses espérances.

73e DICTÉE. — Le Jardin des Olives.

Les huit oliviers que l'on voit encore dans cet enclos sacré, et qui sont restés jusqu'à ce jour, ont pu être témoins des souffrances du Sauveur. Oh ! que j'aime à voir l'arbre le plus triste choisi pour étendre ses rameaux sur les douleurs d'un Dieu ! A l'heure de l'agonie du Fils de l'homme, qui sait si du pâle feuillage de l'olivier ne coulèrent point quelques larmes ? De tous les lieux saints que j'ai visités, le jardin des Olives est celui qui m'a le plus ému. Ce sol, ces pierres, ces arbres antiques ont entendu les soupirs du Christ, ont vu ses mystérieuses tristesses, et quelquefois je me surprends leur demandant s'ils n'ont point retenu des paroles ou gardé des secrets qui puissent nous aider à comprendre l'âme d'un Dieu livré aux angoisses.

74e DICTÉE. — L'ÉCUREUIL.

L'écureuil est un joli petit animal qui n'est qu'à demi sauvage, et qui, par sa gentillesse, par sa docilité, par l'innocence même de ses mœurs, mériterait d'être épargné ; il n'est ni carnassier, ni nuisible, quoiqu'il saisisse quelquefois des oiseaux ; sa nourriture ordinaire sont des fruits, des amandes, des noisettes, de la faine et du gland ; il est propre, leste, vif, très-alerte, très-éveillé, très-industrieux ; il a les yeux pleins de feu, la physionomie fine, le corps nerveux, les membres très-dispos ; sa jolie figure est encore rehaussée, parée par une belle queue en forme de panache, qu'il relève jusque sur sa tête, et sous laquelle il se met à l'ombre ; il est pour ainsi dire, moins quadrupède que les autres, il se tient ordinairement assis presque debout, et se sert de ses pieds de devant, comme d'une main, pour porter à sa bouche ; au lieu de se cacher sous terre, il est toujours en l'air ; il approche des oiseaux par sa légèreté ; il demeure comme eux sur la cime des arbres, parcourt les forêts en sautant de l'un à l'autre, y fait son nid, cueille les graines, boit la rosée, et ne descend à terre que quand les arbres sont agités par la violence des vents.

75e DICTÉE. — LE RENARD.

(Recopier la dictée sous ce titre : LES RENARDS.)

Le renard se loge au milieu des bois, à portée des hameaux, il écoute le chant des coqs et le cri des volailles ; il les savoure de loin, il prend habilement son temps, cache son dessein et sa marche, se glisse, se traîne, arrive, et fait rarement des tentatives inutiles. S'il peut franchir les clôtures, ou passer par-dessous, il ne perd pas un instant, il ravage la basse-cour, il y met tout à mort, se retire ensuite lestement en emportant sa proie, qu'il cache sous la mousse, ou porte à son terrier ; il revient quelques moments après en chercher une autre, qu'il emporte et cache de même, mais dans un autre endroit, ensuite une troisième, une quatrième, etc., jusqu'à ce que le jour ou le mouvement dans la maison l'avertisse qu'il faut se retirer et ne plus revenir.

76e DICTÉE. — LA SOURIS.

(Recopier la dictée sous ce titre : LES SOURIS.)

La souris, beaucoup plus petite que le rat, est aussi plus nombreuse, plus commune et plus généralement répandue : elle a le même instinct, le même tempérament, le même naturel et n'en diffère guère que par la faiblesse et par les habitudes qui l'accompagnent, timide par nature, familière par nécessité, la peur ou le besoin font tous ses mouvements ; elle ne sort de son trou que pour chercher à vivre ; elle ne s'en écarte guère, y rentre à la première alerte, ne va pas, comme le rat, de maison en maison, à moins qu'elle n'y soit forcée, fait aussi beaucoup moins de dégât ; a les mœurs plus douces, et s'apprivoise jusqu'à un certain point, mais sans s'attacher.

77e DICTÉE. — Le Rat.

(Recopier la dictée sous ce titre : Les Rats.)

Cet animal est assez connu par l'incommodité qu'il nous cause ; il habite ordinairement les greniers où l'on entasse le grain, où l'on serre les fruits, et de là descend et se répand dans les maisons. Il est carnassier et même omnivore ; il semble seulement préférer les choses dures aux plus tendres ; il ronge la laine, les étoffes, les meubles, perce le bois, fait des trous dans les murs, se loge dans l'épaisseur des planchers, dans les vides de la charpente ou de la boiserie ; il en sort pour chercher sa subsistance et souvent il y transporte tout ce qu'il peut traîner ; il y fait même quelquefois magasin, surtout lorsqu'il a des petits. Il cherche les lieux chauds, et se niche en hiver auprès des cheminées, ou dans le foin, dans la paille. Malgré les chats, le poison, les piéges, les appâts, ces animaux pullulent si fort, qu'ils causent souvent de grands dommages.

78e DICTÉE. — Les Loups et les Agneaux.

(Recopier la dictée sous ce titre : Le Loup et l'Agneau.)

Des agneaux se désaltéraient dans le courant limpide d'un ruisseau, lorsque des loups que la faim pressait survinrent en ce lieu. — Qui vous rend si hardis de troubler notre breuvage, dirent d'un ton aigre les gloutons : vous serez châtiés de votre témérité. — Sires, reprennent les agneaux, que vos majestés ne se mettent point en colère ; mais plutôt qu'elles considèrent que nous allons nous désaltérant dans le courant plus de vingt pas au-dessous d'Elles, et que, par conséquent, en aucune façon, nous ne pouvons troubler leur boisson. — Vous la troublez, répliquèrent ces bêtes cruelles, et nous savons que vous avez médit de nous l'an passé.—Comment l'aurions-nous fait, si nous n'étions pas nés ? —Si ce n'est vous, ce sont vos frères.—Nous n'en avons point.—Alors, ce sont quelques-uns des vôtres ; car vous, vos bergers et vos chiens, vous ne nous épargnez guère. On nous l'a dit ; il faut que nous nous vengions. — Là-dessus, les loups emportent les agneaux au fond des forêts et les mangent sans autre forme de procès. Mais, en les avalant, ils étouffèrent.—*L'injustice ne profite pas à qui s'en rend coupable.*

79e DICTÉE. — L'Oiseau-mouche.

(Recopier la dictée sous ce titre : Les Oiseaux-mouches.)

De tous les êtres animés, voici le plus élégant pour la forme, et le plus brillant pour les couleurs. Les pierres et les métaux polis par notre art, ne sont pas comparables à ce bijou de la nature ; elle l'a placé, dans l'ordre des oiseaux, au dernier degré de l'échelle de grandeur.

Son chef-d'œuvre est le petit oiseau-mouche ; elle l'a comblé de tous les dons qu'elle n'a fait que partager aux autres oiseaux : légèreté, rapidité, prestesse, tout appartient à ce petit privilégié. L'émeraude, le rubis, la topaze brillent sur ses habits ; il ne les souille jamais de la poussière de la terre, et, dans sa vie toute aérienne, on le voit à peine toucher le gazon par instants; il est toujours en l'air, volant de fleur en fleur; il en a la fraicheur comme il en a l'éclat, il vit de leur nectar, et n'habite que les climats où sans cesse elles se renouvellent.

C'est dans les contrées les plus chaudes du nouveau-monde que se trouvent toutes les espèces d'oiseaux-mouches. Elles sont assez nombreuses, et paraissent confinées entre les deux tropiques; car ceux qui s'avancent en été dans les zones tempérées n'y font qu'un court séjour : ils semblent suivre le soleil, s'avancer, se retirer avec lui, et voler sur l'aile des zéphirs à la suite d'un printemps éternel.

80e DICTÉE. — CONSEILS.

Aucun de nous ne restera toujours sur cette terre; nous mourrons tous un jour, mais ce jour nous ne le connaissons pas. Vivons donc en sorte que nous soyons toujours prêts à mourir. Chacun de nous commet des fautes: soyons donc indulgents envers notre prochain et sachons lui pardonner. Personne ne peut dire: je suis juste devant Dieu, car notre faiblesse nous fait toujours commettre plus ou moins de fautes. Que chacun tâche de devenir meilleur chaque jour et de faire autant de bien que possible: nous ne pouvons en faire trop pour entrer dans le ciel.

FIN.

TABLE DES MATIÈRES.

PREMIÈRE PARTIE.

DEUXIÈME PARTIE.

Ouvrages classiques de la Société de Marie

QUI SE TROUVENT CHEZ LES MÊMES ÉDITEURS.

Méthode de lecture en dix leçons, in-12, broché.
Collection de tableaux correspondant à la Méthode.
Petit Manuel de Grammaire, in-12, cartonné.
Exercices adaptés à cette Grammaire, id.
Grammaire complète, id.
Exercices correspondant à cette Grammaire, id.
Petit Manuel d'arithmétique, in-12, cartonné, accompagné d'un grand nombre de problèmes.
Arithmétique complète, in-12, cart.
Solutions des problèmes des deux Manuels d'arithmétique.
Histoire des peuples anciens, in-18 cart.
Manuel de géographie, in-12, cart.
Petit Manuel de Géographie, in-12, broché.
Manuel abrégé de l'Histoire de France, en douze tableaux.
Premières lectures graduées, par M. Caussens, in-12, cart.
Deuxièmes lectures, idem.
Manuel d'Histoire Sainte.
Manuel abrégé de l'Histoire Sainte.
Cours gradué de dictées.
Premier cahier d'architecture.
Deuxième, idem.
Troisième, idem, avec dix planches de lavis.
Sept cahiers d'écriture de M. Coustou, renfermant chacun un genre d'écriture différent.

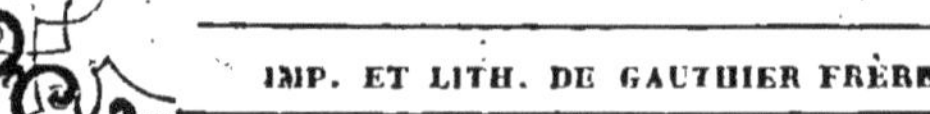

IMP. ET LITH. DE GAUTHIER FRÈRES.

www.ingramcontent.com/pod-product-compliance
Ingram Content Group UK Ltd.
Pitfield, Milton Keynes, MK11 3LW, UK
UKHW021228230726
13926UKWH00003B/1314

9 782014 442557